Das
persönliche
Geburtstagsbuch

für

_____

12. Februar

Das persönliche Geburtstagsbuch

12. Februar

Herausgegeben von Martin Weltenburger
nach einer Idee von Christian Zentner

Autoren und Redaktion:
Hademar Bankhofer, Dr. Reinhard Barth,
Friedemann Bedürftig, Lieselotte Breuer,
Mathias Forster, Hansjürgen Jendral,
Thomas Poppe, Günter Pössiger,
Vera Roserus, Sabine Weilandt

Bildbeschaffung:
Redaktionsbüro Christian Zentner

© 1983 Verlag »Das persönliche Geburtstagsbuch GmbH« München
Alle Rechte vorbehalten
Satz: IBV Lichtsatz KG, Berlin
Druck und Bindung: May + Co Nachf., Darmstadt
Printed in Germany

Wilhelm Busch

EINLEITUNG

Der Weise, welcher sitzt und denkt
Und tief sich in sich selbst versenkt,
Um in der Seele Dämmerschein
Sich an der Wahrheit zu erfreun,
Der leert bedenklich seine Flasche,
Nimmt seine Dose aus der Tasche,
Nimmt eine Prise, macht hapschie!
Und spricht: »Mein Sohn, die Sach ist die!

Eh' man auf diese Welt gekommen
Und noch so still vorliebgenommen,
Da hat man noch bei nichts was bei;
Man schwebt herum, ist schuldenfrei,
Hat keine Uhr und keine Eile
Und äußerst selten Langeweile.
Allein man nimmt sich nicht in acht,
Und schlupp! ist man zur Welt gebracht.
Zuerst hast du es gut, mein Sohn,
Doch paß mal auf, man kommt dir schon …

Du wächst heran, du suchst das Weite,
Jedoch die Welt ist voller Leute,
Die dich ganz schrecklich überlisten
Und die, anstatt dir was zu schenken,
Wie du wohl möchtest, nicht dran denken.
Und wieder scheint dir unabweislich
Der Schmerzensruf: Das ist ja scheußlich!

Doch siehe da, im trauten Kreis
Sitzt Jüngling, Mann und Jubelgreis,
Und jeder hebt an seinen Mund
Ein Hohlgefäß, was meistens rund,
Um draus in ziemlich kurzer Zeit
Die drin enthaltne Flüssigkeit
Mit Lust und freudigem Bemühn
Zu saugen und herauszuziehn.
Weil jeder dies mit Eifer tut,
So sieht man wohl, es tut ihm gut …

Mein lieber Sohn, du tust mir leid,
Dir mangelt die Enthaltsamkeit.
Enthaltsamkeit ist das Vergnügen
An Sachen, welche wir nicht kriegen.
Drum lebe mäßig, denke klug.
Wer nichts gebraucht, der hat genug!«

So spricht der Weise, grau von Haar,
Ernst, würdig, sachgemäßig und klar,
Wie sich's gebührt in solchen Dingen;
Läßt sich ein Dutzend Austern bringen,
Ißt sie, entleert die zweite Flasche,
Hebt seine Dose aus der Tasche,
Nimmt eine Prise, macht hapschie!
Schmückt sich mit Hut und Paraplü,
Bewegt sich mit Bedacht nach Haus
Und ruht von seinem Denken aus.

INHALT

Prominente Geburtstagskinder

Geboren am 12. Februar

Sebastian Schärtlin (1496)

Benjamin Schmolck (1672)

Sophie Arnould (1740)

Thaddäus Kosciuszko (1746)

Franz II. (1768)

Friedrich de la Motte-Fouqué (1777)

Carl Ludwig Reichenbach (1788)

Charles Darwin (1809)

Abraham Lincoln (1809)

Jenny Marx (1814)

Lou Andreas Salomé (1861)

Anna Pawlowa (1881)

Max Beckmann (1884)

Omar Nelson Bradley (1893)

Hans Habe (1911)

Gustl Bayrhammer (1922)

Sebastian Schärtlin (1496)

Deutscher Landsknechtsoffizier

Sebastian Schärtlin trat 1530 als Feldhauptmann in den Dienst der Stadt Augsburg. Er kaufte 1532 die benachbarte Herrschaft Burtenbach und wurde Protestant, führte 1546 das Heer der oberdeutschen Städte im Schmalkaldischen Krieg, besetzte am 10. Juli Füssen und

Sebastian Schärtlin

die Ehrenberger Klause und wollte sich Tirols bemächtigen, mußte aber auf Befehl des Bundes davon absehen und sich mit dem Hauptheer bei Donauwörth vereinigen. Nach der Auflösung desselben und der Unterwerfung Augsburgs von der Amnestie ausgeschlossen, trat Schärtlin 1548 in die Dienste Frankreichs, wurde geächtet und verlor seine Güter. 1552 vermittelte er den im Schloß

Chambord zwischen dem französischen König Heinrich II. und dem Kurfürsten Moritz von Sachsen abgeschlossenen Vertrag, wurde 1553 begnadigt und verbrachte den Rest seiner Tage auf seinem Gut Burtenbach. († 18. 11. 1577)

Signatur Schärtlins

Benjamin Schmolck (1672)

Deutscher Dichter und Prediger

Er hat im ganzen 1183 Lieder gedichtet, von denen indes nur ganz wenige sein Leben überdauert haben. Noch heute bekannt sind die Lieder: »Was Gott tut, das ist wohlgetan« und »Wie wollt ich meinen Gott nicht lieben«. Er hat auch verschiedene Erbauungsbücher herausgegeben. Hoffmann von Fallersleben schrieb seine Biographie (1833). In Brauchitschdorf bei Liegnitz geboren, ist er als Oberhofprediger in Schweidnitz gestorben. († 12. 2. 1737)

Sophie Arnould (1740)

Französische Sängerin

Ein Vierteljahrhundert lang war sie die »Primadonna assoluta« der Pariser Großen Oper. Als Kind schon schien sie für eine solche Rolle prädestiniert. »Ich werde reich werden wie eine Prinzessin, meine Stimme wird alles in Gold und Diamanten verwandeln.« Das selbstbewußte Kind wurde recht bald entdeckt. Die Prinzessin von Modena hörte es in der Kirche singen und kurz darauf geleitete der Hofkapellmeister das junge Mädchen in den Kreis des Hofes, wo sich Madame Pompadour entzückt über ihr Talent äußerte. Sophie kam in die königliche Kapelle und 1757 zur Oper. Die Wucht und der sympathische Klang ihrer Stimme eroberten im Sturm die Herzen. Es mag bei ihren Erfolgen die Tatsache mitgewirkt haben, daß »schöne, starke und gesunde Stimmen in Frankreich selten und goldeswert sind«, woraus sich auch die Vorherrschaft der Italienerinnen an den französischen Bühnen erklärt. Sophie Arnoulds Leistungen in den Opern Rameaus und Glucks scheinen unvergleichlich gewesen zu sein. Sie ging diesen Höhenweg wie selbstverständlich und führte auch in ihren Pariser Salons das Leben der großen Dame, bei der sich Persönlichkeiten der Dichtung, Literatur, Kunst und Wissenschaft und der Politik zu regelmäßigen Zirkeln trafen, auch Benjamin Franklin gehörte zu den ständigen Gästen ihres Hauses. Als sie in den letzten Jahren ihres Lebens ihr Vermögen verlor, verzichtete sie auf die Hilfe ihrer zahlreichen Kavaliere. Durch die Vermittlung von Minister Fouché gewährte ihr der Staat eine Pension und freie Wohnung im Hotel d'Angevillers. Auch hier war sie Mittelpunkt eines Kreises von Dichtern, Künstlern und Philosophen, bis sie in Paris, ihrer Geburtsstadt, für immer die Augen schloß. († 22. 10. 1802)

Thaddäus Kosciuszko (1746)

Polnischer General

Aus altem Adelsgeschlecht in Mereczewszczyzna im Bezirk Slonim besuchte Kosciuszko die Kadettenanstalt zu Warschau, dann auf Staatskosten die Militärakademien in Versailles, Paris und Brest und trat hierauf als Hauptmann in die Armee. Weil der Marschall von Litauen und Vizekronfeldherr Joseph Sosnowski ihm seine Tochter versagte, verließ er Polen und trat 1777 als Washingtons Adjutant in nordamerikanische Dienste, in denen er bis zum Brigadegeneral aufstieg. 1786 nach Polen zurückge-

Thaddäus Kosciuszko

13

kehrt, trat er 1791 für die Konstitution vom 3. Mai ein und diente als Generalleutnant unter dem Oberkommando Joseph Poniatowskis gegen die Russen. Am 18. Juni 1792 kämpfte er in den Ebenen von Zielenice und verteidigte am 17. Juli an der Spitze von 4000 Polen und mit 8 Kanonen das verschanzte Lager bei Dubienka fünf Tage lang gegen ein 18 000 Mann und 40 Geschütze zählendes russisches Korps. Nach der zweiten Teilung Polens lebte er in Leipzig, wo er von der Gesetzgebenden Versammlung in Frankreich das französische Bürgerrecht erhielt. Bei Erneuerung der polnischen Revolution traf er am 23. März 1794 in Krakau ein, wurde am 27. von der Nationalversammlung zum Diktator proklamiert und rief die Polen zur Wiederherstellung der Verfassung von 1791 auf. Nach seinem Sieg über die Russen am 4. April 1794 bei Raclawice brach am 18. April auch in Warschau der Aufstand aus. Kosciuszko setzte eine provisorische Regierung ein und zog sodann der verbündeten preußisch-russischen Armee entgegen, wurde jedoch am 8. Juni bei Szczekoczyn geschlagen und zog sich nach Warschau zurück, wo er die ausgebrochenen Volksunruhen beschwichtigte. Er wies alle Angriffe des preußisch-russischen Belagerungsheeres zurück, bis endlich am 6. September die Belagerung aufgegeben wurde. Hierauf hob er die Leibeigenschaft auf und gab der Nation in dem Hohen Nationalrat, den er errichtete, die ihm anvertraute höchste Gewalt zurück. Als die Russen wieder vordrangen, schlug er sie am 10. Oktober 1794 bei Maciejowice dreimal zurück, bis er beim vierten Angriff verwundet in feindliche Gewalt fiel; daß er hierbei ausgerufen habe: »Finis Poloniae«, hat er selbst bestritten. Von Katharina

II. gefangengehalten, von Paul I. im November 1796 freigelassen, ging er nach England und 1797 nach Amerika, wo er zurückgezogen im Kreise seiner alten Waffengefährten lebte, bis ihn 1798 eine Mission des Kongresses nach Frankreich führte. Napoleon I. versuchte 1806, ihn für den Plan der Herstellung Polens zu gewinnen; doch blieb dieser seinem Paul I. gegebenen Wort, nie mehr gegen Rußland zu kämpfen, treu.

1814 bat Kosciuszko den Kaiser Alexander I. schriftlich um Amnestie für die Polen in der Fremde mit der Aufforderung, sich zum König von Polen zu erklären und dem Land eine freie Verfassung zu geben, erhielt jedoch nur unbestimmte Zusagen und wurde, als er später den russischen Kaiser nach Auflösung des Wiener Kongresses in Braunau traf, kalt empfangen. Mit Lord Stewart machte er 1815 eine Reise nach Italien und widmete sich 1816 in Solothurn der Landwirtschaft. Am 15. Oktober 1817 starb er in Solothurn. Sein Leichnam wurde auf Anordnung des Kaisers Alexander I. 1818 in der Kathedrale zu Krakau beigesetzt. Sein Herz wurde 1895 dem polnischen Nationalmuseum übergeben. Auch wurde ihm 1823 auf dem Kosciuszkohügel bei Krakau ein Denkmal errichtet. († 15. 10. 1817)

Franz II. (1768)

Römisch-Deutscher Kaiser

Am 14. Juli 1792 wurde Franz II. zum römischen Kaiser gekrönt. Infolge des Bündnisses, das Leopold II. am 7. Februar 1792 mit Preußen gegen Frankreich geschlossen hatte, begann der Krieg gegen Frankreich, den Franz II. auch fortsetzte, als Preußen den Separatfrieden von Basel (5. April 1795) abschloß. Nach dem Vorrücken der Franzosen in Italien unter Napoleon Bonaparte trat Franz II. im Frieden von Campo Formio (17. Oktober 1797) Mailand und die Niederlande gegen Venedig, Istrien und Dalmatien ab. 1799 kämpfte Franz im Bund mit Rußland und England anfangs glücklich gegen Frank-

Franz II.

reich, verlor aber durch die Niederlage bei Marengo seine italienischen Besitzungen und wurde durch den Frieden von Lunéville (9. Februar 1801) zu neuen großen Opfern gezwungen. 1804 nahm er als Franz I. zusätzlich den österreichischen Kaisertitel an und dankte 1806 als deutscher Kaiser ab, womit das Heilige Römische Reich Deutscher Nation endete. 1809 mußte er, erneut von Napoleon geschlagen, weitere Gebietsverluste hinnehmen.

Nach einer Unterredung in Dresden vereinigte sich Franz im Mai 1812 mit Napoleon zum Feldzug gegen Rußland, hielt sich nach dessen unglücklichem Ausgang einige Zeit neutral, trat aber am 12. August 1813 der Koalition gegen Frankreich bei und wurde durch den ersten Pariser Frieden vom 30. Mai 1814 in den Besitz einer Ländermasse gesetzt, wie sie keiner seiner Vorfahren besessen hatte. Seit 1815 herrschte er in ungestörtem Frieden, nur in der Lombardei brach 1821 ein Aufstand aus. Die Landesregierung im Innern ließ im ganzen das Hergebrachte bestehen, wenn auch 1804 das Strafgesetz und 1810 das bürgerliche Gesetz erneuert wurde. Im übrigen wurden alle freien geistigen Bewegungen niedergehalten, besonders die konstitutionellen Bestrebungen unterdrückt. Franz war ein engherziger und kleinlicher Geist, legte aber im persönlichen Auftreten ein patriarchalisches Wohlwollen an den Tag und besaß deshalb beim Volk eine gewisse Popularität. Er starb am 2. März 1835 in Wien.

Friedrich de la Motte-Fouqué (1777)

Deutscher Dichter

Fouqué, aus hugenottischer Flüchtlingsfamilie stammend, die sich in der Mark niederließ, wurde Offizier der freiwilligen Jäger und machte als solcher die Befreiungskriege mit. Er wurde Mitarbeiter des »Grünen Almanachs«, gab die literarische Zeitschrift »Die Musen« heraus und entwickelte, von A. W. Schlegel in die Dichtung eingeführt, eine fruchtbare schriftstellerische Tätigkeit, nachdem er als Major den Abschied genommen hatte.

Die romanischen und germanischen Elemente seiner
Herkunft führen ihn einerseits zum altfranzösischen Rit-
tertum und, unter A. W. Schlegels Einwirkung, zu Calde-
róns Dichtung, anderseits zum nordischen Wikingertum
und zum deutschen Mittelalter. Im Drama wie im Roman
lebt sich seine romantische Phantasie aus. Aus der Viel-
falt seiner Werke bleiben erwähnenswert seine Dramati-
sierung des Nibelungenliedes in der Trilogie »Der Held

Friedrich de la Motte-Fouqué

des Nordens« und sein historisch-phantastischer Roman
»Der Zauberring«, der die Wirkung des germanischen
Blutes in der Welt dichterisch gestalten will. Sein größter
Erfolg und seine bleibende Leistung ist das Märchen
»Undine«, das im Sinne romantischer Naturphilosophie
auf eine dichterische Verkörperung des Naturelements
des Wassers ausgeht. Der dankbare, stimmungsvoll ge-
staltete Stoff hat E. T. A. Hoffmann und Lortzing zu

Opern angeregt und hat seine Spuren vielfach in der Dichtung hinterlassen, von Grillparzers Melusine, Andersens kleiner Seejungfrau bis zu Gerhart Hauptmanns Rautendelein in der »Versunkenen Glocke« und Giraudoux' »Ondine«. († 23. 1. 1843)

Carl Ludwig Reichenbach (1788)

Deutscher Naturforscher

Reichenbach, geboren in Stuttgart, entstammt einer alten bayerischen Adelsfamilie. Gelegentlich einer Studienreise kam er im Jahre 1818 im chemischen Laboratorium des Wiener polytechnischen Instituts mit dem Altgrafen Hugo zu Salm-Reifferscheidt in Berührung, der über einen großen landwirtschaftlichen Besitz und verschiedene Fabriken verfügte, darunter mehrere Eisenwerke und Gießereien. Der Altgraf suchte damals nach einem rationellen Holzverkohlungsverfahren für seine Güter. Reichenbach gelang es, in den Salm'schen Eisenwerken Blansko eine günstig arbeitende Holzverkohlungsanlage einzurichten, bei der Buchenholz im Innern eines gemauerten Ofenraumes, der von Heizröhren durchzogen ist, zur trockenen Destillation gebracht wurde. Die Holzkohle war damals noch für die österreichischen Eisenhütten unentbehrlich, da Steinkohle nicht gefördert wurde und man zur Verkokung der Braunkohle keine geeigneten Verfahren kannte. Reichenbach suchte die bei der Holzverkohlung abfallenden Nebenprodukte wirtschaftlich zu verwerten; im Laufe dieser Arbeiten gelang ihm die Entdeckung des Paraffins und der Methoden zu seiner Gewinnung aus dem Holzkohlenteer. Unter den sonstigen Produkten, die er im Buchenholzteer entdeckte, ist besonders das Kreosot zu erwähnen. Neben seinen chemischen Arbeiten betrieb er eifrig die Ausgestaltung der Eisenwerke und des Grubenbaues, errichtete zahlreiche neue Kuppelöfen, Walzwerke, Gießereien und Werkstätten. Seine besondere Sorgfalt galt der Eisengießerei. – In späteren Jahren widmete Reichenbach sich besonders philosophischen und okkultistischen Forschungen und nahm mit fortschreitendem Alter mancherlei sonderbare Eigenschaften an, die ihn der Umwelt entfremdeten. Er starb, fast 81jährig, auf einer Reise nach Leipzig, wo er für seine philosophischen Ideen wirken wollte. († 19. 1. 1869)

Charles Darwin (1809)

Britischer Naturforscher

Noch zu Anfang des 19. Jahrhunderts war man sich in der Biologie weitgehend darüber einig, daß alle Arten von Lebewesen, wie wir sie auf der Erde vorfinden, von Anfang an existierten. Insofern war die Naturwissenschaft noch völlig den religiösen Vorstellungen der Schöpfungsgeschichte in der Bibel verhaftet. Der britische Naturforscher Charles Darwin sammelte nun auf einer Reise um die Welt mit dem Forschungsschiff »Beagle« (1831 bis 1836) eine derartige Fülle von Beobachtungen aus dem Gesamtgebiet der Biologie, der Erdgeschichte und der Tier- und Pflanzengeographie, daß ihm die Theorie von der Unveränderlichkeit der Arten nicht mehr haltbar er-

schien. In seinem berühmten Buch »On the origin of spe-
cies by means of natural selection« (1859) entwickelte er
die Theorie, daß die heutigen Lebewesen von früheren
einfacheren Formen abstammten, und begründete
gleichzeitig, wie diese »Evolution« der Organismen zustande kam: aus der Fülle der jeweils zufällig entstehen-
den Varianten haben sich diejenigen durchgesetzt, die
den jeweiligen Umweltbedingungen am besten angepaßt
war und deshalb die besten Überlebenschancen hatte.
Diesen Vorgang nannte Darwin die »natürliche Selektion«. Der »Kampf ums Überleben« (englisch »struggle
for life«), in dem sich diese Selektion vollzieht, war von
Darwin übrigens keineswegs so gemeint gewesen, daß die
Stärkeren die Schwächeren ausrotten. Darwin – und mit
ihm die moderne Evolutionstheorie – meinten damit viel-
mehr den Kampf der Lebewesen mit allen Umweltbedingungen. – Darwins Überlegungen lösten seinerzeit einen
Sturm der Entrüstung, insbesondere in kirchlichen Krei-
sen, aus. Aufgrund des erdrückenden Beweismaterials,
das inzwischen gesammelt werden konnte, werden Darwins Erkenntnisse heute jedoch in ihrem Kern von kei-
nem ernst zu nehmenden Wissenschaftler mehr bezwei-
felt. († 19. 4. 1882)

Abraham Lincoln (1809)
Amerikanischer Politiker

Das amerikanische Volk scheint dazu verdammt, viele
seiner führenden Männer mit zukunftsweisenden Per-
spektiven durch Gewalttaten zu verlieren, ehe sie ihr
Werk vollenden konnten. In jüngster Zeit stehen dafür

die Namen Martin Luther King und Kennedy, und zu diesen Männern gehörte auch Abraham Lincoln. Der 16. Präsident der Vereinigten Staaten wurde nur 56 Jahre alt. Am 15. April 1865 fiel er einem Revolverattentat zum Opfer. Während einer Theateraufführung in Boston schoß ihn der fanatische Südstaatler J. W. Booth nieder. Das amerikanische Volk trauerte, wie wohl noch nie und

Abraham Lincoln

nie wieder um einen Politiker, der schon zu Lebzeiten beinahe eine Legende war und der durch seinen Tod endgültig zu einer wurde. Der Dichter James Lovell beschrieb die damalige Stimmung so: »Niemals haben so viele Menschen Tränen über den Tod eines Zeitgenossen vergossen, den sie nie in ihrem Leben gesehen hatten. Ihnen allen war zumute, als sei eine freundlich erhellende und erwärmende Sonne aus ihrem Leben verschwunden. Menschen, die sich ganz fremd waren, tauschten auf den Straßen Worte und Gesten des Mitgefühls aus. Das drückte beredter als jede Trauerrede aus, was alle empfanden. Nicht nur Amerika, die gesamte Menschheit hatte einen ihrer Besten verloren, noch ehe er die Aufgabe, die ihm sein Volk gestellt hatte, ganz zu lösen vermochte. Er und nur er, das wußten wir alle, hätte sie zu lösen vermocht.«

Dieser verschlossene, eher zurückhaltende Farmerssohn aus dem indianischen Grenzgebiet muß eine ungewöhnliche Wirkung auf seine Mitmenschen ausgeübt haben. Genial war er sicher nicht. Seine Zeitgenossen bescheinigten ihm ein Mittelmaß der Persönlichkeit, genau jenes »Mittelmaß«, das die Völker bei ihren »guten« Führern brauchen; das Mittelmaß, das Männer haben, die Demokratie nicht für ein zu erkämpfendes Ideal halten, sondern für ein Naturgesetz.

Abraham Lincoln verkörperte diese Tugend in hohem Maße. Sein Geburtstag am 12. Februar ist gesetzlicher Feiertag in den USA, und die Menschen feiern dabei jenen Mann, der die Einheit der Vereinigten Staaten bewahrte und damit ihre spätere Entwicklung zur Großmacht in die Wege leitete. Ohne ihn gäbe es wohl das heutige Amerika in dieser Gestalt nicht.

Der Farmerssohn arbeitete sich aus ärmlichsten Verhältnissen nach oben. Sein Geburtsort Hardin lag an der Grenze zum Indianergebiet. Er wuchs unter harten Lebensbedingungen auf. Die Schulbildung war mehr als dürftig. Lincoln schlug sich als Handlanger auf Farmen und Schiffen durch, arbeitete als Kaufmannsgehilfe und Posthalter und bildete sich neben der harten Berufsarbeit zum Rechtsanwalt aus. Der junge Lincoln beeindruckte die Leute durch Körperkraft, Schläue, unumstößlichen Gerechtigkeitssinn und wohl auch durch seine schlichte

Quäker-Frömmigkeit, die er sein Leben lang nie verleugnete.

Er war ab 1836 als Anwalt in Springfield tätig, gehörte bis 1841 dem Parlament von Illinois an und war Abgeordneter im Kongreß von 1847 bis 1849. Ab 1856 machte er dann eine schnelle Karriere in der Republikanischen Partei. Abraham Lincoln vertrat eine eher gemäßigte Linie in der Frage der Sklaverei. Er lehnte sie zwar strikt und überzeugt ab, wollte aber eine behutsame Lösung für beide Seiten, vor allem eine vernünftige und geschickte Eingliederung der befreiten schwarzen Menschen in die weiße Gesellschaft. Besonders in den Debatten mit seinem oftmaligen Gegenkandidaten Douglas erwies er sich als ebenso glänzender wie volkstümlicher Redner, der keine Tricks nötig hatte, wahrhaftig sprach und die Menschen auf diese Weise überzeugte.

Seine Partei nominierte ihn 1860 in Chicago zum Präsidentschaftskandidaten, und die Amerikaner wählten ihn ein Jahr später zu ihrem 16. Präsidenten, wobei Lincoln allerdings auch durch die Spaltung in der Demokratischen Partei begünstigt wurde. Er wurde 1864 wiedergewählt und hatte dieses Amt bis zu seinem gewaltsamen Tode inne. Lincolns Wahl löste den Sezessionskrieg, den Bürgerkrieg zwischen Nord- und Südstaaten, aus. Der Präsident führte ihn nicht in erster Linie zur Befreiung der schwarzen Sklaven im Süden, sondern für die Einheit der Nation, die sich wegen dieser Frage zu spalten drohte. Es gab anfänglich militärische und politische Rückschläge, aber Lincoln überwand sie stets mit taktischem Geschick und großer politischer Klugheit. Das Volk stand wegen seiner menschlichen Wärme und seiner

Schlichtheit immer hinter ihm. Die Sklavenbefreiung durch die beiden »Emancipation Proclamations« vom 22. September 1862 und vom 1. Januar 1863 sah Lincoln mit einer gewissen Zurückhaltung, wollte er doch keinesfalls radikale Lösungen, die die Lage nur noch verschärfen konnten. Für ihn waren die »Proclamations« zunächst mehr oder weniger Kriegsmaßnahmen. Berühmt wurde seine Rede vom 19. November 1863 auf dem Schlachtfeld von Gettysburg, in der er noch einmal seine Grundsätze bekräftigte: Regierung des Volkes durch das Volk für das Volk.

Nach dem Sieg des Nordens über den Süden setzte sich Abraham Lincoln vehement für die möglichst schnelle Wiedereingliederung der Südstaaten ein, aber mit seiner strikten Versöhnungspolitik stieß er auf den starken Widerstand der radikalen Republikaner. Doch Lincolns Wiederwahl zum Präsidenten 1864 konnten sie nicht verhindern, Lincoln war einfach zu populär. Doch dann wurde der Präsident kurz nach dem Sieg ermordet und konnte seine Versöhnungspolitik nicht fortsetzen. So blieben mehr und tiefere Wunden zurück. Die Amerikaner stellten Abraham Lincoln immer mit George Washington auf eine Stufe, er gilt bis heute als eine Verkörperung aller positiven politischen Tugenden der amerikanischen Nation.

Zwei Episoden aus seinem Leben mögen ein Bild dieses ungewöhnlichen Mannes geben, wie er als Anwalt war und als Politiker.

Lincoln hatte sich in Springfield als Rechtsanwalt niedergelassen, aber er verlor anfangs nahezu jeden Prozeß. Das bekam natürlich seinem Geldbeutel überhaupt nicht. Es wurde erst besser, als er den Mordprozeß Armstrong gewann, der ihm zwar kein Honorar, aber großen Ruhm einbrachte. Duff Armstrong, Sohn einer Farmerfamilie, war angeklagt, einen Mann, mit dem er verfeindet war, nachts getötet zu haben. Alle Indizien sprachen gegen ihn. Der Anwalt William Herndon, der später Lincoln in seine Kanzlei als Teilhaber aufnahm, seine Wahlkämpfe tatkräftig unterstützte und Lincolns erster Biograph wurde, riet dem jungen Mann entschieden von diesem Mandat ab. »Da gibt es weder Ruhm noch Honorar zu gewinnen.« Lincoln aber übernahm beharrlich den aussichtslos erscheinenden Prozeß. Er tat es in erster Linie Duffs Mutter zuliebe. Die Armstrongs stammten aus Neusalem, wo Lincoln 1831 als Kaufmannsgehilfe gearbeitet und bei den Armstrongs gewohnt hatte. »Mrs. Armstrong hat meine Hemden gewaschen, obwohl ich sie nur selten bezahlen konnte, und sie hat immer ein gutes Wort und ein Lächeln für mich gehabt, der ich mir vorkam wie ein Stück Treibholz in einem mächtigen Strom.«

Duff schien der Strick sicher, als gleich mehrere Zeugen aussagten, sie hätten bei dem hellen Mondschein genau gesehen, wie er den Mann umgebracht habe. Lincoln aber bewies, daß dies gar nicht möglich gewesen sein konnte. »Keiner von ihnen konnte aus der von Ihnen angegebenen Entfernung Armstrongs Tat sehen, meine Herren! In dieser Nacht stand nämlich der Mond gar nicht am Himmel!« Lincoln legte dem Gericht einen Kalender vor und wies nach, daß der Mond in dieser Mordnacht erst morgens gegen vier Uhr aufgegangen war. Duff Armstrong wurde glatt freigesprochen.

Damit durfte Lincoln seinen ersten durchschlagenden

Erfolg feiern. Diese Episode wurde übrigens mit Henry Fonda in der Hauptrolle verfilmt, der Streifen gehört heute zu den klassischen Hollywoodfilmen.

Lincolns große politische Karriere begann mit dem berühmten Wahlkampf gegen den Senator Douglas, als es 1858 um eine Nachwahl zum Senat ging. Sie rückte den bis dahin über die Grenzen von Illinois kaum bekannten Abraham Lincoln ins Blickfeld der Nation. Lincoln führte den Wahlkampf nämlich völlig anders als gewohnt. Er verwendete keine taktischen Finessen, sprach nur seine Überzeugungen aus, verzichtete auf die üblichen Witzchen, redete aufrichtig, schlicht und mit großem Ernst. Dieser Senator Douglas war ganz anders als Abraham Lincoln, ein schöner Mann, während Lincoln ungeschlacht wirkte, höchst elegant gekleidet, geschliffen in Sprache und Auftreten, während man Lincoln ziemlich ungehobelte Manieren nachsagte. Man stempelte den 49jährigen Anwalt Lincoln zu einem Bauerntölpel ohne Schulbildung und von größter Häßlichkeit, und riet ihm, diesem Douglas möglichst aus dem Wege zu gehen. Aber Lincoln reiste Douglas von Wahlrede zu Wahlrede nach, stellte ihn und zwang ihn zu öffentlichen Debatten. Douglas wich dem Problem der Sklaverei aus, Lincoln trat unerbittlich dagegen auf, sprach aber immer wieder vom Verständnis für beide Seiten und von einem Programm der »Loslösung« der Schwarzen, die er behutsam in die amerikanische Demokratie eingliedern wollte. Noch verlor er diese Wahl 1858 gegen Douglas, war aber so volkstümlich geworden, daß er die Präsidentschaftswahlen am 6. November 1860 gegen eben diesen Douglas klar gewann.

Der Bürgerkrieg war die schwerste Aufgabe, die einem Präsidenten bis dahin gestellt worden war. Der 52jährige Abraham Lincoln löste sie, solange ihm das Schicksal dazu Zeit ließ. Er wollte vor allem den aufgestauten Haß vor, während und nach dem Bürgerkrieg abbauen, wollte den Amerikanern wieder eine politische Union geben, die nicht auf Zwang, sondern auf Einsicht aufgebaut war, die »aus dem Herzen kam«. Die Grundlagen dazu hat er gelegt. Mehr konnte er gegen die äußerlichen und inneren Verwüstungen, die der Krieg angerichtet hatte, nicht tun, weil ihn die Kugel des Attentäters traf. Nach seinem Tod merkten Freunde und Feinde, wie sehr ihnen seine Beharrlichkeit, seine politische Klugheit, sein Großmut und sein unbestechlicher Gerechtigkeitssinn fehlten. Den schecklichen Krieg hatte er führen müssen, um die Einigkeit in der Union wiederherzustellen, für das Heilen der Wunden, das er wohl am besten verstanden hätte, ließ ihm das Schicksal zu wenig Zeit. († 15. 4. 1865)

Signatur Lincolns

Jenny Marx (1814)

Gattin von Karl Marx

Der adeligen Jenny von Westphalen, deren Großvater Generalstabschef Friedrichs des Großen im Siebenjährigen Krieg war und deren Großmutter aus der berühmten schottischen Adelsfamilie Argyle stammte, wurde es bestimmt nicht an der Wiege gesungen, daß sie einmal mit einem Theoretiker der proletarischen Revolution und Vorkämpfer für eine klassenlose Gesellschaft verheiratet sein würde. Im Jahre 1843 wurde sie die Lebensgefährtin von Karl Marx, ihrem Jugendgespielen. Kurz nach der Hochzeit ging sie mit ihm ins politische Exil nach Paris, und seitdem mußte sie alles Elend des politischen Flüchtlingsdaseins bis zur bitteren Neige auskosten. Viele Jahre lang erhielt sie die Familie mit zwanzig Mark wöchentlich, und sie mußte jahrhundertealtes Familiensilber verpfänden, um nicht zu verhungern. All ihre Kinder starben bis auf eines an der Not. Aber obwohl ihr Leben schwer war, blieb ihre Liebe ihr ganzes Leben hindurch erhalten. Sie folgte ihrem Manne bei seiner Ausweisung aus Paris nach Brüssel und, als er dort Aufenthaltsverbot erhielt, nach Köln und nach dem Verbot der »Neuen Rheinischen Zeitung«, die er dort redigiert hatte, nach London, das bis zu ihrem Tode ihr ständiger Aufenthaltsort werden sollte. Die Ehegatten lebten auch in London meist in dürftigen Verhältnissen, und oftmals rettete sie nur die geldliche Zuwendung von Friedrich Engels vor der Katastrophe. In London entstanden die Hauptwerke von Karl Marx, von hier aus organisierte er die »Internationale Arbeiterassociation« und nationale Arbeiterparteien. Hier empfing er zahlreiche Delegierte oder politische Flüchtlinge aller Länder, und Jenny Marx teilte die Wohnung oft mit vielen Darbenden. Als sie starb, war sein Schmerz so groß, daß er sich zu ihr ins Grab stürzen wollte; er überlebte sie zwar noch um mehr als ein Jahr, aber er selbst und alle Freunde wußten, daß er mit ihr gestorben war. († 2. 12. 1881)

Lou Andreas Salomé (1861)
Deutsche Schriftstellerin

»Lou ist das begabteste, nachdenkendste Geschöpf, das man sich denken kann...«, schreibt Nietzsche einmal über diese bedeutende Frau, deren leidenschaftliche, rein geistige Liebe ein tiefes Echo in dem Einsamen von Sils Maria fand. Es spricht vom Range dieser Frau, daß Nietzsche sie als seine geistige Erbin ansah; da er aber Übermenschliches von ihr forderte, trennten sie sich. – Die Schriftstellerin Lou Andreas Salomé war als Tochter eines russischen Generals französischer Abstammung in Petersburg geboren. Ausgeprägte Weiblichkeit mit hoher Geistigkeit verbindend, studierte sie in Zürich, heiratete 1887, fünf Jahre nach der Begegnung mit Nietzsche, den Orientalisten F. C. Andreas und schrieb Romane, Erzählungen, literarhistorische, philosophische und biographische Studien, unter denen sich ihr Nietzsche-Buch (1894) und ihr Rilke-Buch (1928) durch psychologische Feinfühligkeit auszeichnen. Ihr erster Roman »Im Kampf um Gott« (1885) kündete bereits im Titel von einem Gottsuchen, das dem des frühen Rilke verwandt war. Lou wurde Rilkes Begleiterin auf seinen beiden Rußlandreisen von 1888 und 1900. Ihr Einfluß auf den Dichter war groß. Das Pathos seines »Stundenbuches«, der Frucht des Rußlanderlebnisses, war zugleich Nachklang der Begegnung mit Lou Andreas Salomé, die alle bedeutenden Geister ihrer Zeit anzog und sich von ihnen angezogen fühlte. Ihre Erzählung »Im Zwischenland« (1902) und die Erinnerungen »Rodinka« (1923) spiegeln russische Motive wider, während sie sich in den Studien über »Ibsens Frauengestalten« (1892) als Geistesverwandte des norwegischen Dichters darstellte. Mit Vorliebe schilderte sie das Seelenleben junger Mädchen, so in der Erzählung »Ruth« (1895). Lou Andreas Salomé starb am 5. Februar 1937 in Göttingen.

Anna Pawlowa (1881)

Russische Tänzerin

»Könnte ich morgen wieder beginnen, so hätte ich nur einen Wunsch an das gütige Schicksal, ich würde eine noch größere Fülle des Lebens erbitten. Ich würde bitten, daß ich eine noch größere Tänzerin sein könnte. Ich wollte Ballette schaffen, mit denen verglichen meine jetzigen sich wie Kerzenflammen zum Sonnenlicht verhielten.« Das war Anna Pawlowas Bekenntnis zum Tanz, der für sie mehr als Lebensbedürfnis war. Sie nutzte, indem sie ihre Kunst ausübte, nicht eine zufällige Begabung, sondern folgte einem genialen Antrieb. Dieses Genie, dazu täglich sechs Stunden Übung und eiserne Disziplin machten ihren Namen nach jahrelanger, hingebungsvoller Ar-

beit zu einem Begriff innerhalb der russischen Ballett-
kunst. Mit 25 Jahren schon erhielt sie den Titel »Prima-
ballerina Assoluta« – nur vier Tänzerinnen im großen
Rußland durften ihn gleichzeitig tragen. Anläßlich dieser
Ehrung wurde ein Wohltätigkeitsball veranstaltet, auf
dem sie die Schöpfung ihres Lebens tanzte – den »Sterbenden Schwan« nach Michael Fokins Musik. Aber der
zarten, zerbrechlichen Frau genügte Rußland nicht
mehr: »Ich werde nicht auf halbem Wege stehenbleiben.
In wenigen Jahren werde ich entweder die Welt erobert
haben oder ganz von der Bildfläche verschwinden«, sagte
sie, 1908 verließ sie das Kaiserliche Ballett, dessen star-
rer, traditionsgebundener Stil ihr nicht mehr zusagte, und
ging mit einer eigenen Tanzgruppe ins Ausland. König
Eduard VII. lud sie nach England ein, und bald war sie
der Liebling Londons – und der Welt. Ihre Reisen führ-
ten sie bis in den Fernen Osten und nach den Vereinigten
Staaten von Amerika. Die Jahre gingen scheinbar spurlos an ihr vorüber. 1931 erkrankte sie plötzlich. »Legt
mir das Kostüm zum ›Sterbenden Schwan‹ an«, bat sie
kurz vor ihrem Tode. Mit ihr starb eine einzigartige Frau,
ein Tanz-Phänomen, das für lange Zeit unvergeßlich bleiben wird. († 23. 1. 1931)

Max Beckmann (1884)

Deutscher Maler und Graphiker

Max Beckmann studierte von 1899 bis 1903 an der Kunstschule Weimar unter Frithjof Smith, anschließend in Paris und Genf. 1904 kam er nach Berlin, wo er 1906 in der

Max Beckmann
Selbstbildnis mit Zigarette. Berlin 1919

Berliner Sezession seine erste Ausstellung hatte, im gleichen Jahr wurde er auch im Künstlerbund Weimar ausgestellt, der ihm den Villa-Romana-Preis verlieh. Beckmann wurde Mitglied der Berliner Sezession, trat aber 1911 aus dieser Künstlervereinigung wieder aus. Seine künstlerischen Erfahrungen weitete er in dieser Zeit durch verschiedene Reisen nach Paris und Florenz aus. Im ersten Weltkrieg war Beckmann Sanitätsoffizier. Im Jahre 1925 wurde er Professor an der Kunstschule in Frankfurt, eine Tätigkeit, die er bis 1933 ausübte. Auch in dieser Zeit reiste er viel und blieb längere Zeit in Paris und in Holland. Im Jahre 1933 wurde Beckmann von den Nazis als »entartet« verfemt und aus seinem Amt als Kunstprofessor entlassen. Er ging nach Berlin, von wo er 1937 nach Paris emigrierte. Von 1938 bis 1947 lebte Max Beckmann im Exil in Amsterdam, von wo aus er 1938 an der Londoner Gegenausstellung der »Entarteten« teilnahm. 1947 bekam er einen Lehrauftrag an der Washington-Universität in St. Louis, USA. Von 1949 bis zu seinem Tode war er Lehrer am Art Department des Brooklyn-Museums.

Von Natur zart und empfindsam veranlagt, ist Beckmann in den Erlebnissen des ersten Weltkrieges und in den politischen Kämpfen und Spannungen der Zeit zu großer Eigenwilligkeit und Härte herangereift. Mit diesen Eigenschaften sucht er rücksichtslos zur Erkenntnis des eigenen Ich und der Umwelt vorzudringen, deren Lebensängste und Verfallserscheinungen er mit wacher, scharfer Kritik aufgreift und sie durch seine sachliche und zugleich sinnbildliche Kunst, die zuweilen den Vorhang vor »den unsichtbaren Räumen«, vor dem Unter- und

Hintergründigen lüftet, zu überwinden strebt. Seine Kunst hat sich nie in abstrakte Richtungen verloren; dafür war seine sinnliche Anschauung zu stark. Den optischen Eindruck aber im Bilde zu vertiefen durch beseelte mathematische Kräfte, war ihm innerstes Bedürfnis. Seine Vorbilder: Mäleßkircher, Multscher, Bosch. Er hat Stilleben, Landschaften, Bildnisse und vor allem Figürliches geschaffen, das er mit mythologischen, religiösen und besonders mit Stoffen aus dem gegenwärtigen Leben einer entwurzelten Menschheit erfüllte. († 27. 12. 1950)

Omar Nelson Bradley (1893)

Amerikanischer General

Der Sohn eines Dorfschullehrers aus Clark (Missouri) wählte den Soldatenberuf. Gemeinsam mit Dwight D. Eisenhower besuchte er 1915 einen Lehrgang der Militärakademie West Point. Den ersten Weltkrieg verbrachte er mit ruhmlosem Wachdienst an der mexikanischen Grenze. Auch danach verlief die Karriere langsam und routinemäßig – die US-Army stand an der 19. Stelle in der Armeestärke, zwischen den Streitkräften Portugals und Bulgariens. Er hatte es bis zum Kommandeur der Infanterieschule Fort Benning gebracht, als er an der Front gebraucht wurde. 1943 wurde er nach Tunesien versetzt, von wo aus er als Generalleutnant mit dem II. US-Korps auf Sizilien landete. »Drei Jahrzehnte« so sagte er später, »habe ich gebraucht, um zu erlernen, wie man Entscheidungen trifft, die Menschenleben kosten.« Er war nun invasionserfahren und gezwungen, diese Entscheidungen erneut zu fällen: Am 6. Juni 1944 stapfte er als Oberbefehlshaber der 1. US-Armee an den Strand der Normandie. Publicity und Ehrungen waren ihm ein Greuel, er blieb lieber im Hintergrund. Im Juli 1945 übernahm er die Rückführung und Versorgung der Veteranen dieses Krieges, wurde zwei Jahre darauf Generalstabschef des Heeres. Von 1949 bis 1953 war er Chef der Vereinigten Stabschefs. Er war einer der wenigen Fünf-Sterne-Generale der US-Armee und der bislang letzte dieser Ranggruppe. Nach dem aktiven Dienst wurde er Aufsichtsratsvorsitzender einer Uhrenfabrik. 1981 starb er in New York an Herzversagen.

Hans Habe (1911)
Amerikanischer Schriftsteller

1931 entdeckte der österreichische Reporter Hans Habe durch Zufall, daß Hitlers Name eigentlich Schicklgruber war. Diesem Zufall hatte er die Ehre zu verdanken, später seine Bücher mit verbrannt zu sehen. Er ging nach Amerika, kam 1945 im Rang eines amerikanischen Majors nach Deutschland und begann im Auftrag der Alliierten, eine neue deutsche Presse aufzuziehen. Dies gelang ihm so gut, daß er sich bald als freier Schriftsteller niederlassen konnte. Viele Bestseller stammen aus seiner Feder, u. a. »Drei über die Grenze« (1937), »Ich stelle mich« (1954), »Off limits« (1955), »Die Tarnowska« (1962), »Das Netz« (1969) und »Palazzo« (1975). Außerdem gehörte er zu den populärsten, aber auch umstrittensten Kolumnisten Deutschlands. Politisch wie kulturell vertrat er in seinen Kolumnen (Welt am Sonntag, Kölnische Rundschau und Bayernkurier) einen liberalen Konservatismus. Er selbst bezeichnete sich einmal als »Extremisten der Mitte«. Hans Habe starb am 29. September 1977 in Locarno.

Gustl Bayrhammer (1922)

Deutscher Schauspieler

Der Zweite Weltkrieg war der Hintergrund für Gustl Bayrhammers Schauspielausbildung am Berliner Schillertheater, die er 1944 mit bestandener Abschlußprüfung am Reichskammertheater beendete. Die Bühnen in Tübingen, Augsburg, Karlsruhe, Salzburg und schließlich München waren seine Stationen, bis er 1972 »freischaffender Schauspieler« wurde. Vom jugendlichen Chargenspieler bis zum Charakterkomiker vollzog sich in dieser Zeit seine Wandlung. Wohlbeleibt und mit uriger Gemütlichkeit, oft auch mit der ihm eigenen Schlitzohrigkeit stapft er durch viele Bühnen- und Fernsehrollen, von Shakespeares »Was ihr wollt«, Fleissers »Der starke Stamm« bis Thomas »Erster Klasse« und nicht zuletzt als Kommissar Veigel im »Tatort«, in dem er die verzwicktesten Fälle mit unfehlbarer, bayrischer Intuition löst. Eine ganze Kindergeneration wird ihn noch lange im Gedächtnis behalten, als den »Schreinermeister Eder«, der den kleinen Kobold Pumuckl bei sich beherbergt und der auf vielen Schallplatten und inzwischen auch im Fernsehen weite Verbreitung gefunden hat. Er lebt heute mit seiner Familie in Krailling bei München.

Es geschah am 12. Februar

Ereignisse, die Geschichte machten

962 Magdeburg wird Erzbistum

1867 Das Boxen erhält seine Regeln

1912 Ende der chinesischen Monarchie

1919 Rede Friedrich Eberts nach seiner Wahl

1931 Vatikan erhält eigenen Radiosender

1934 Unruhen in Österreich

1936 Uraufführung des Wolf-Ferrari-Lustspiels
»Der Campiello«

1938 Uraufführung des Capek-Stücks
»Die Mutter«

1938 Hitler empfängt
den österreichischen Bundeskanzler

1970 Antwort der DDR an Brandt

1976 Neues Abtreibungsgesetz in Deutschland

1980 Einführung der nigerianischen
Nationalhymne

Rekorde des Tages

962

Hirte der Herde Gottes

Magdeburg wird Erzbistum

Otto I. Nach einer alten Münze

Die Bekehrung unterworfener slawischer Stämme hatte sich als das beste Mittel zu ihrer Integration ins Deutsche Reich erwiesen. Die Bindung an die Kirche dämpfte Aufstandsgelüste, und das Netz der Pfarreien war ein gut funktionierendes Aufsichtssystem. Darum bemühte sich Otto der Große beim Papst um die Aufwertung des Klosters Magdeburg, des vorgeschobenen Postens seiner Ostsicherung. Am 12. Februar 962, Otto war gerade zum Kaiser gekrönt worden, entsprach Papst Johannes XII. seiner Bitte und ordnete an:

Wie oft auch von der heiligen römischen Kirche, der wir durch Gottes Willen dienen, ein Privileg zur Förderung und Festigung neuen Christentums verlangt wird, so oft haben wir mit aller Sorgfalt und aller Liebe dafür gesorgt, daß es zustandekomme, auf daß nicht, was frommen Wünschen gegenüber oft der Fall zu sein pflegt, der Neid des verschlagenen Feindes infolge einer Verzögerung unaufhörlich [etwas] davon wegreiße. Meine geliebten Mitbrüder, wir müssen also mit allen Kräften kämpfen, daß die Christenheit, die der allmächtige Gott durch seine Diener täglich zum Triumphe des Himmels ausdehnt und fördert, mit unserer Hilfe durch ihn auf diesem Punkte gefestigt werde und bleibe. Jetzt ist durch Gottes Gnade unser sehr geliebter und allerchristlichster Sohn, der König Otto, nachdem er die barbarischen Stämme, die Avaren und andere mehr, geschlagen hatte, dem höchsten und universalen Sitze, dem wir durch Gott vorstehen, genaht, auf daß er zur Verteidigung der heiligen Kirche Gottes die triumphale Krone des Sieges auf dem Gipfel des Reiches durch uns vom heiligen Apostelfürsten Petrus empfange. Ihn haben wir mit väterlicher Liebe empfangen und zur Verteidigung der Kirche mit dem Segen des heiligen Apostels Petrus zum Kaiser gesalbt. Als nun bei einem Gespräch in der Kirche des heiligen Apostels Petrus über die Lage und das Regiment der ganzen Christenheit, was nützlich ist, nach Gott nützlich besprochen wurde, da teilte der genannte sehr fromme Kaiser Otto unserer Väterlichkeit mit, wie er die Slawen, die er selbst besiegt, kürzlich im katholischen Glauben begründet hatte, und er bat und forderte beharrlich, daß nicht die Schafe, die er selbst Christus gewonnen hatte, wegen des Versagens des Hirten durch die Verschlagenheit des alten Feindes der Verdammung verfielen. Und so haben wir, vielgeliebte Brüder, diesem Gesuch mit Recht Zustimmung gewährt. Also streben wir, wie es würdig ist, mit ganzem Herzen danach, daß die neue Pflanzung jenseits des Gebirges auf dem Felsen, der da ist Christus, gegründet werde. Er, der niemanden verlorengehen läßt, wird die Kraft geben. Mit Hilfe seiner Gnade wollen wir und befehlen mit dieser Urkunde, das Kloster zu Magdeburg, im sächsischen Königreiche an der Elbe erbaut, das der vorgenannte sehr fromme Kaiser wegen der neuen Christenheit errichtet hat, in einen erzbischöflichen Sitz umzuwandeln, weil dieser Ort den Heidenstämmen nahegelegen ist, in einen Sitz, der durch untergebene Suffragane die ganze Herde Gottes zu lenken und zu regieren die Kraft habe. Wir wollen auch und befehlen durch diese Urkunde, daß das Kloster zu Merseburg, das der sehr fromme Kaiser selbst da, wo er die Ungarn niedergeworfen hat, für die Zukunft Gott geweiht hat, zu einem bischöflichen Sitze erhoben werde, der dem Stuhle von Magdeburg untergeben sei. Und da so zahlreiche Völker nicht gut von einem einzigen Hirten gelenkt werden können, wollen wir und bestimmen durch unser Privileg unter unserer Autorität, daß über Zensus und Zehnten von allen Stämmen, welche der genannte sehr fromme Kaiser getauft hat oder die durch ihn und seinen Sohn, den gleichnamigen König, und ihre Nachfolger mit Gottes Verstattung noch getauft werden, sie und ihre Nachfolger die Macht haben sollen zu verteilen, ihn Magdeburg und Merseburg zuzuteilen oder welchen Sitz sie ihn in Zukunft auch immer geben wollen. Wir wollen auch, vielgeliebte Brüder, und ordnen es auf Befehl des heiligen Apostels Petrus an, daß die Erzbischöfe der Kirchen von Mainz, Trier und Köln, Salzburg und Hamburg für immer dem erzbischöflichen Sitz von Magdeburg und dem bischöflichen von Merseburg mit allen Kräften ihres Herzens und ihres Leibes zustimmen und [sie] fördern. Und wenn der allmächtige Gott durch seinen vorerwähnten unbesieglichen Diener, den Kaiser, und dessen Sohn und deren Nachfolger das benachbarte Volk der Slawen zum Kult des christlichen Glaubens hingeführt haben wird, dann wollen wir, daß durch sie an geeigneten Plätzen nach Bedarf Bistümer errichtet werden und in diesen mit Zustimmung der genannten fünf Erzbischöfe und ihrer Nachfolger von dem Erzbischof von Magdeburg Suffraganbischöfe geweiht werden. Aber wahrlich, wenn die Nachfolger unseres vorgenannten Sohnes, des sehr frommen Kaisers, und seines gleichnamigen Sohnes, des Königs, versuchen sollten, deren Statuten zu zerbrechen, oder wenn die Vorsteher der vorgenannten oder anderer Kirchen und deren Nachfolger dem Erzbischof von Magdeburg nicht helfen und zustimmen wollen, dann sollen sie mit der Schärfe des Anathems geschlagen werden, und vom höchsten Rächer sollen sie Verdammnis ohne Ende empfangen.

1867

Der Marquis, der das Boxen reglementierte

Erst 1867 erhielt der Faustkampf
die im wesentlichen heute noch gültige Form

Für die Griechen der Antike war der Faustkampf wesentlicher Bestandteil der Olympischen Spiele. Die Duelle wurden durch die Kampfunfähigkeit eines der beiden

Kontrahenten entschieden, wobei die Athleten lediglich einen Lederriemen zum Schutz der Handknöchel benützten. Als der Boxsport um 1700 in England wiederentdeckt wurde, gab es kaum verbindliche Regeln. Allmählich wurden jedoch Verbesserungen eingeführt, hauptsächlich wegen etlicher Todesfälle. Die im wesentlichen noch heute gültigen Regeln führte am 12. Februar des Jahres 1867 J. S. Douglas, der achte Marquis of Queensbury, ein. Sie waren in zwölf Punkten zusammengefaßt und wurden 1892 erstmals in einem Schwergewichts-Weltmeisterschaftskampf angewandt. Unter anderem wurde dabei die Dauer einer Runde auf drei Minuten festgelegt mit je einer Minute Pause. Bei Niederschlägen wurde bis zehn gezählt, um dem Getroffenen eine Chance zur Erholung zu geben.

1912

Leben in Zufriedenheit

Ende der chinesischen Monarchie

Krank war das Kaisertum Chinas schon lange, korruptionszerfressen das ganze System. Interventionen der Großmächte, Gebietsabtretungen und militärische Niederlagen hatten das Land zum Spielball gemacht. Wie so oft löste schließlich eine Reformgesetzgebung revolutionäre Umsturzversuche aus. Erfolg hatten damit die Jungchinesen unter Sun Yat-sen (1866 bis 1925). China wurde Republik, die Mandschu-Dynastie dankte am 12. Februar 1912 ab. Die Kaiserinwitwe und Regentin Lung-yü verabschiedete sich mit ihrem unmündigen Sohn mit einer Bot-

schaft, in der sie ihren Berater Yüan Shi-k'ai als Präsiden-
ten empfahl:

Da seit der Erhebung des Volksheeres und dem Echo in
den Provinzen das ganze Reich sich in Aufruhr befand
und das Volk in Elend gestürzt war, hatten wir Yüan Shi-
k'ai eigens beauftragt, einen Delegierten zu entsenden,
um mit dem Vertreter des Volksheeres die Lage zu erör-
tern und über die Eröffnung einer Landeskonferenz zu
beraten, die eine allgemeine Entscheidung über die Re-
gierungsform herbeiführen sollte. Das ist nun zwei Monate her, aber man ist sich über die nötigen Maßnahmen
noch nicht schlüssig geworden. Nord und Süd stehen sich
feindselig gegenüber, und keiner will nachgeben. Der
Handel stockt, und die Soldaten liegen im Felde. Und jeder weitere Tag Ungewißheit in der Frage der Staatsform
bedeutet einen weiteren Tag Unruhe für das Volk. Nun
ist die Volksstimmung des ganzen Reiches überwiegend
der Republik zugeneigt. In den südlichen und mittleren
Provinzen hat man diesen Gedanken zuerst angeregt,
und im Norden haben die Generäle ihn später auch befür-
wortet. Aus der Richtung der Volksstimmung aber kann
man den Willen des Himmels erkennen. Wie könnten wir
es da über uns bringen, um des Glanzes *einer* Familie willen die Frage nach dem Wunsch eines Millionenvolkes
beiseite zu schieben! Daher geben hiermit, in Anbetracht
der allgemeinen Lage und nach Prüfung der öffentlichen
Meinung, aus äußeren und inneren Gründen, wir und der
Kaiser die Herrschergewalt als Allgemeinrecht an das
ganze Land und entscheiden uns für die konstitutionelle
Republik als künftige Staatsform, um zunächst den Sinn

des Reiches zu beruhigen, der da alle Wirren verabscheut und die Ordnung ersehnt, und für ferne Zukunft dem Gedanken der Heiligen des Altertums zu entsprechen, daß das Reich Allgemeinbesitz sei. Da Yüan Shi-k'ai durch den Reichsausschuß bereits zum Ministerpräsidenten gewählt ist, so soll in diesem Zeitpunkt, wo das Neue das Alte ablöst, und bei der Notwendigkeit eines Mittels zur Einheit von Nord und Süd von Yüan Shi-k'ai mit unbeschränkter Vollmacht eine provisorische republikanische Regierung organisiert werden, wozu er zusammen mit dem Volksheer ein einheitliches Verfahren verabreden soll. Wir hegen die feste Erwartung, daß das Volk damit Frieden finden werde und das Land eine geordnete Verwaltung. Dann soll das gesamte Staatsgebiet der fünf Rassen, nämlich Mandschu, Mongolen, Chinesen, Mohammedaner und Tibeter, zusammengefaßt ein großes Reich bilden, die Republik Chung-Hua. Wir aber und der Kaiser wollen uns zurückziehen, um unser Leben in Zufriedenheit zu verbringen, uns für alle Zeit der ehrerbietigen Behandlung durch das Volk zu erfreuen und selbst die Vollendung der Wohlfahrt zu sehen. Wäre das nicht das Schönste für uns?

1919

Präsident des Volkes

Friedrich Ebert nach seiner Wahl

Der neugewählte Reichspräsident Friedrich Ebert gab am 12. Februar 1919 seine erste offizielle Erklärung ab. Vor Pressevertretern sagte er: »Nicht eine Partei, sondern die große Mehrheit eines ganzen Volkes hat mich erwählt und kann daher auch von mir verlangen, daß ich der Präsident des ganzen Volkes und nicht einer Partei bin. Ich glaube, wir alle, die wir im öffentlichen Leben politisch tätig sind, haben zu einem gewissen Teil diese Pflicht, uns nicht als Vertreter eines Teiles, sondern als Vertreter des ganzen Volkes zu fühlen. Das Einzelne kann nur gedeihen, wenn das Allgemeine gedeiht, und Parteiideale lassen sich nur durchführen und dürfen nur durchgeführt werden, wenn sie der Ansicht und dem Wohle des Ganzen entsprechen. Zur Demokratie gehört auch der Respekt vor einer anderen Ansicht, der dem Parteikampf feste Grenzen ziehen muß.« Am 13. Februar 1919 berief Ebert dann die erste Reichsregierung. Sozialdemokraten, Demokraten und das Zentrum bildeten eine Koalition. Die Regierung umfaßte einschließlich des »Präsidium des Reichsministeriums« (also des Ministerpräsidenten) 15 Mitglieder: sieben Sozialdemokraten, drei Demokraten, drei Zentrumsangehörige; zwei Minister waren parteilos, darunter Außenminister Graf von Brockdorff-Rantzau. Ministerpräsident wurde Philipp Scheidemann (Sozialdemokrat). *(SZ)*

1931

Höret, ihr Himmel

Vatikan im Äther

Der vatikanische Sender wurde am 12. Februar 1931 in Betrieb genommen. Zum ersten Mal sprach ein Papst über den Rundfunk. Guglielmo Marconi, einer der Erfinder der drahtlosen Übertragung, hatte den Sender gebaut und kündigte Pius XI. selbst an. Der Papst begann seine Ansprache mit einem Bibelzitat: »Höret, ihr Himmel, und höre, Erde, was ich spreche.« Dann forderte er die Regierenden der Welt auf, voll Gerechtigkeit und voll väterlicher Liebe zu regieren, zum Nutzen und nicht zum Ruin der Völker. An Arbeiter und Arbeitgeber richtete er die Bitte, Feindseligkeit und gegenseitigen Kampf aufzugeben. *(SZ)*

1934

Standrecht

Unruhen in Österreich

In Wien kam es am 12. Februar 1934 zu blutigen Straßenschlachten zwischen dem Republikanischen Schutzbund (einer militanten Organisation der österreichischen Sozialdemokraten) und Regierungskräften. Auch in anderen Teilen Österreichs ereigneten sich Unruhen; über Linz und Wien wurde das Standrecht verhängt. Im März 1933 hatte Bundeskanzler Dollfuß mit einem Staatsstreich die parlamentarische Verfassung außer Kraft gesetzt und durch eine berufsständische Verfassung ersetzt. Der Republikanische Schutzbund und die KP wurden verboten, im Juni auch die NSDAP. Dollfuß gründete eine Vaterländische Front. Im Januar 1934 machte der Parteirat der SPÖ das Angebot, an der Entwirrung der innenpolitischen Krise und an einer Verfassungsreform auf verfassungsmäßigem Wege mitzuarbeiten. Die Führer des österreichischen Heimatschutzes, der militanten

Organisation der Vaterländischen Front, verlangten ihrerseits »schonungslosen Kampf gegen Rot«. Im geheimen hatte sich der Republikanische Schutzbund reaktiviert. Bei Mitgliedern entdeckte die Polizei Waffen und Munition. Diese Hausdurchsuchungen waren der äußere Anlaß zum Ausbruch der Kämpfe. Am 14. Februar waren die Regierungstruppen Herr der Lage. In Wien fielen den Unruhen 241 Menschen zum Opfer. Die führenden Sozialdemokraten – bis auf zwei, die fliehen konnten –, wurden verhaftet. Alle Parteien, bis auf die Vaterländische Front, wurden verboten. *(SZ)*

1936

Der Campiello

Italienisches musikalisches Lustspiel

Der Text dieses musikalischen Lustspiels (nach dem Goldoni-Stück) von Ermanno Wolf-Ferrari wurde von Mario Ghisalberti verfaßt. Altvenezianisches Straßenleben im Jahr 1750 bildet den Hintergrund des Geschehens. Das Werk wurde am 12. Februar 1936 in Mailand uraufgeführt. Reclams Opernführer beschreibt die Handlung und charakterisiert die Musik:

Handlung

1. bis 3. Akt. Il campiello, so heißt ein kleiner häuserumsäumter Platz in Venedig. In den Häusern wohnen: Doktor Fabrizio mit seiner jungen Nichte Gasparina, im Stockwerk darunter die alte Cate mit Tochter Lucieta, gegenüber Frau Pasqua mit Tochter Gnese, nebenan der junge Pastetenbäcker Zorzeto mit Frau Orsola, seiner Mutter. Ein kleiner Albergo grenzt auch an den Campiello; in diesem Gasthause logiert neuerdings Cavaliere Astolfi, ein den Anwohnern noch unbekannter, deswegen aber höchst interessanter Herr. – Der Held des Stükkes ist der Campiello selbst, seine Bewohner die Träger menschlicher Tugenden und Schwächen, Leidenschaften und schrulliger Eigenheiten, die sich im engen Raume drängen, drücken, stoßen. Zwei alte Weiber sorgen dafür, daß nie Ruhe wird oder, wenn einmal solche eintritt, diese nicht lang andauert. Man spielt, tanzt, lärmt, schimpft, eifersüchtelt, prügelt und liebt sich; es passiert im kleinen eine Menge, im großen eigentlich gar nichts, bis endlich Anzoleto seine Lucieta, Zorzeto seine Gnese und Gasparina ihren Cavaliere Astolfi bekommen. Wie er zu Beginn aus Traumesdämmer auftauchte, so entschwindet am Ende der Campiello in einer Art heiterer Rührung wieder: tongewordene Liebe zum temperamentvollen, festes- und feierfreudigen Venezianervolke.

Musik

Ein mit feinstem musikalischem Stift gezeichnetes musikalisches Miniaturbild, ein Stück »menschlicher Komödie« im Taschenformat. Dem flüssigen Parlando der Singstimmen, die sich an den Höhepunkten zum vielstimmigen Ensemblegeflecht verdichten, entspricht ein nicht weniger lebendiges, arabeskenfreudiges Parlieren des Orchesters, welches das der venezianischen Volksmusik abgelauschte Campiello-Motiv in den Zwischenspielen nach allen Seiten hin abwandelt. Reizvoll werden im musikalischen Charakterbild die drei Mädchengestalten

Gasparina, Lucieta und Gnese gegeneinander ausgespielt, die erste liebenswürdig hochnäsig, die zweite temperamentsprühend, die dritte das vollkommene Unschuldslämmchen. Die beiden alten Weiber Cate und Pasqua werden von Tenören gesungen, ein aus buffonesker Laune geborener, ergötzlicher Einfall.

1938

Die Mutter

Tschechoslowakisches Schauspiel

Das Stück von Karel Capek (1890 bis 1938) wurde am 12. Februar 1938 in Prag uraufgeführt. Das Bühnenstück kämpft gegen die drohende Vernichtung von Capeks Heimat. Neben diesem aktuellen Bezug geißelt das Werk pervertiert-menschenverachtende Ideologien. Die schauspielerisch anspruchsvolle Titelrolle reizt immer wieder zu Neuinszenierungen.

Im Zimmer eines schon vor 17 Jahren in Afrika gefallenen Majors, wo noch alles unverändert ist, sitzt Toni, der jüngste seiner fünf Söhne und schreibt seine ersten Gedichte. Die beiden älteren Brüder, die Zwillinge Kornel und Peter, grübeln über einer noch vom Vater eröffneten Schachpartie und geraten dabei in heftige politische Kontroversen. Die Mutter treibt die Streitenden auseinander, zieht sich allein in das Zimmer vor das Bild ihres Mannes zurück und beginnt mit dem Toten Zwiesprache zu halten. Er erscheint ihr in seiner wirklichen Gestalt, und sie macht ihn dafür verantwortlich, daß trotz all ihrer

Bemühungen, jeder der Söhne, bis auf den träumerischen noch kindlichen Toni, dem soldatischen Vorbild des Vaters nacheifernd, seinen eigenen gefährlichen Weg gegangen ist. Peter ist Kommunist geworden, Kornel sympathisiert mit den Faschisten, Jirko hat den waghalsigen Beruf des Fliegers gewählt und ist gerade dabei, einen seiner neuen Höhenrekorde aufzustellen, und Ondra, der älteste, hat sich freiwillig als Arzt in die Kolonien gemeldet und ist dort am gelben Fieber gestorben. Da tritt auch der tote Ondra als Erscheinung auf die Mutter zu und verteidigt seinen Entschluß und seinen Tod, durch den er zur Bereicherung der Wissenschaft beigetragen hat. Aber auch dafür ist der Mutter der Preis, den sie zahlen mußte, zu hoch. Und als noch Jirko durch die geschlossene Tür hereintritt und ihr erklärt, daß er für ein ihr ebenfalls unverständliches Ziel, den Fortschritt und den Erfolg der Technik tödlich abgestürzt sei, bricht sie verzweifelt zusammen. Kurze Zeit später kommt es zum Bürgerkrieg, und Peter, der auf der Seite des Volkes kämpft, wird von den Faschisten als Geisel gefangengenommen. Kornel verschweigt der Mutter, daß der Bruder erschossen wird, und erst als sie wieder einmal Zwiesprache mit ihren Toten hält, sieht sie entsetzt, daß nun auch Peter dazugehört und erleidet einen Ohnmachtsanfall. Kornel, den es nicht mehr zu Hause hält, schließt sich den Faschisten an und fällt auf der Seite des Feindes. Von ihren fünf Söhnen ist der Mutter nur noch Toni geblieben, um den sie wie eine Löwin kämpft und dem sie verbietet, dem Aufruf des Vaterlandes zu folgen, gegen die inzwischen eingefallenen ausländischen Interventen ins Feld zu ziehen. Da erscheinen alle Verstorbenen, so-

gar der Großvater ist unter ihnen, um die Mutter zu ermahnen, Toni in der Stunde, da die Heimat jeden einzel-
nen Mann braucht, nicht zurückzuhalten. Aber erst, als
die Stimme aus dem Radio von den Greueltaten der
Feinde berichtet, die selbst vor Kindern nicht haltma-
chen, ist die Mutter bereit, für das Leben mit dem Leben
zu kämpfen, so wie auch eine Mutter ihr Leben einsetzt,
wenn sie ein Kind zur Welt bringt. Sie nimmt eines der
Gewehre ihres verstorbenen Mannes, drückt es Toni in
die Hand und fordert ihn damit auf, für die gerechte Sache des Volkes zu kämpfen.

1938

Auf dem Weg zum »Anschluß«

Hitler empfängt
den österreichischen Bundeskanzler Schuschnigg

Daß Hitler, gestützt auf das Selbstbestimmungsrecht der
Völker, nach 1933 den Zusammenschluß aller Deutschen
anstrebte, war kein Geheimnis. Und daß die Eingliederung Österreichs, dem 1918 die Vereinigung mit dem
Deutschen Reich verboten worden war, zu diesem Programm gehörte, war die natürliche Folge einer solchen
Politik. Offen war lediglich die Frage, wann? Zunächst
war die Vereinigung mit Österreich nicht nur am französischen, sondern auch am Widerstand des faschistischen
Italiens gescheitert. Doch Mussolinis Abessinienkrieg
und die gemeinsame Unterstützung Francos im Spani-
schen Bürgerkrieg hatten die beiden Diktatoren einander
näher gebracht.

Im Jahre 1938 jedenfalls glaubte Hitler, mit der Duldung Mussolinis rechnen zu können. So lud er den österreichischen Bundeskanzler, Kurt von Schuschnigg, für den 12. Februar in sein Haus auf dem Obersalzberg ein, um ihm hier seine Bedingungen zu diktieren.

Als Schuschnigg Hitler zu verstehen gab, daß Österreich nicht allein sei und eine gewaltsame Lösung zum Krieg führen könnte, zeigte sich Hitler nicht beeindruckt. Eher höhnisch meinte er, daß niemand, weder England noch Frankreich oder Italien, für Österreich einen Finger rühren würde. Schuschnigg bliebe gar nichts anderes übrig, als die Bedingungen zu akzeptieren. Da er nicht »bluffe«, gäbe er ihm den guten Rat, ihn »wörtlich zu nehmen«. Innerhalb von 3 Tagen müßten alle österreichischen Nationalsozialisten freigelassen werden, der österreichische Nationalsozialist Seyß-Inquart müsse zum Innenminister und ein »gemäßigter« österreichischer Nationalist zum Verteidigungsminister ernannt werden. Schuschnigg wußte, daß die Erfüllung dieser Forderungen letztlich auf das Ende seines Österreichs hinauslaufen würde. Doch um Zeit zu gewinnen, erfüllte er, nach Wien zurückgekehrt, zunächst die ersten beiden Forderungen Hitlers, um dann ganz überraschend gegen die Vereinbarung von Berchtesgaden für den 13. März 1938 eine Volksabstimmung anzusetzen. Würde das Volk sich vor aller Welt für »ein freies und deutsches, unabhängiges und soziales, für ein christliches und einiges Österreich« entscheiden, so könnte Hitler diesen Volkswillen unmöglich mißachten.

Hitler, der am besten wußte, wie man einen Volkswillen manipulieren konnte, reagierte sofort. Um dieser Abstimmung zuvorzukommen, stellte er der Österreichischen Regierung das Ultimatum, Schuschnigg umgehend durch Seyß-Inquart zu ersetzen, anderenfalls deutsche Truppen in Österreich einmarschieren würden. In seiner Verzweiflung wandte sich Schuschnigg an London, »um den sofortigen Rat der Regierung Seiner Majestät zu erfahren, was er nun tun solle«. Die Antwort war niederschmetternd. Man könne dem Bundeskanzler nicht raten, »einen Kurs einzuschlagen, der sein Land Gefahren aussetzen könnte, gegen die die Regierung Seiner Majestät Schutz zu gewähren außerstande ist«. Im Unterhaus führte das zu scharfen Angriffen der Opposition.

Da Frankreich ohne England ebenfalls nicht zu konkreten Maßnahmen bereit war und Mussolini ihm kurz zuvor ausdrücklich bestätigt hatte, an der österreichischen Frage nicht interessiert zu sein, konnte Hitler die deutschen Truppen getrost in Marsch setzen.

1970

Nur auf der Grundlage der Anerkennung

Antwort der DDR an Brandt

Der Ministerpräsident der DDR, Willi Stoph, schlug am 12. Februar 1970 in einem Brief an Bundeskanzler Brandt vor, sich am 19. und 20. Februar 1970 in der Hauptstadt der DDR, Berlin, zu treffen. Die Regierungschefs müßten zu direkten Verhandlungen zusammenkommen, damit die friedliche Koexistenz und eine vertragliche Regelung normaler Beziehungen zwischen der DDR und der BRD herbeigeführt werden könnten. Stoph beantwortete damit einen Brief Brandts vom 22. Januar, in dem dieser Verhandlungen vorgeschlagen hatte. In der Antwort Stophs wurde vor allem Wert auf die völkerrechtliche Anerkennung der DDR gelegt: »Verhandlungen über die Aufnahme gleichberechtigter Beziehungen und über Gewaltverzicht können nur auf der Grundlage gegenseitiger völkerrechtlicher Anerkennung zu positiven Ergebnissen führen.«*(SZ)*

1976

Gegen heftigen Widerstand

Neues Abtreibungsgesetz

Der Bundestag billigte am 12. Februar 1976 das neue Gesetz mit 234 gegen 181 Stimmen. Es ersetzt die vom Bundestag 1974 beschlossene Neufassung des Paragraphen 218, die sogenannte Fristenlösung, die den Abbruch einer Schwangerschaft erlaubt, wenn seit der Empfängnis nicht mehr als zwölf Wochen verstrichen sind. Die CDU/CSU-Opposition hatte dagegen vor dem Bundesverfassungsgericht geklagt. Das Gericht entschied im Februar 1975, daß der Paragraph 218a mit dem Grundgesetz »insoweit unvereinbar und nichtig ist, als er den Schwangerschaftsabbruch auch dann von der Strafbarkeit ausnimmt, wenn keine Gründe vorliegen, ...die vor der Wertordnung des Grundgesetzes Bestand haben«. Das nun gegen den heftigen Widerstand der CDU/CSU neu beschlossene Gesetz erlaubt die Abtreibung, wenn die Fortsetzung der Schwangerschaft eine schwerwiegende Beeinträchtigung der Gesundheit der Schwangeren bedeutet; wenn der Abbruch innerhalb von 22 Wochen nach der Empfängnis erfolgt und dringende Gründe dafür sprechen, daß das Kind an einer nicht behebbaren Gesundheitsschädigung leiden würde; innerhalb von zwölf Wochen nach einer Vergewaltigung; innerhalb der ersten zwölf Wochen, wenn von der Schwangeren eine so schwere Notlage abgewendet wird, daß die Fortsetzung der Schwangerschaft nicht zumutbar erscheint. Vor einer Abtreibung muß die Frau die Beratungsstelle oder einen Arzt aufsuchen und schließlich einen zweiten Mediziner, der den Eingriff vornimmt. Kein Arzt kann zu einem Schwangerschaftsabbruch gezwungen werden. *(SZ)*

1980

Muß i denn und Müllers Lust
Nigerianische Nationalhymne

In der »Daily Times Lagos« vom 12. Februar 1980 wettert der Senatsführer der ›Volkserlösungspartei‹, Bakin-Zuwo, über Nigerias neue Nationalhymne. Das einzige und unzureichende Kriterium für den Wechsel sei gewesen, daß die alte Hymne von Ausländern verfaßt worden war. In der Tat: Die Ausländer müssen wohl die Deutschen gewesen sein, denn die abgelöste Weise erinnerte fatal an »Das Wandern ist des Müllers Lust«. Dem Komponisten Benedict Odiase wurde darum 1978 der Auftrag erteilt, eine andere zu schreiben. Eine unterbewußte Anhänglichkeit zu deutschem Liedgut muß indes den Tonsetzer bewogen haben, nunmehr auf das Volkslied »Muß i denn, muß i denn zum Städtele hinaus« zurückzugreifen...

Schneller laufen, weiter springen, tiefer tauchen – der Mensch will hoch hinaus. Seit der Neandertaler hinter Hasen her- und vor Bären davonlief, jagt der Mensch Rekorden nach – einem kleinen Stück Unsterblichkeit, das zum Beispiel Herrn P. (8000 bemalte Ostereier) mit Picasso (13500 Gemälde) verbindet und die Kopenhagener Friseure (33 Jahre Streik) mit Mozart (der in gleicher Zeit 1000 Meisterwerke schuf). »Ihre« persönlichen Geburtstagsrekorde:

Die schwerste Fracht, die je auf der Straße transportiert wurde, ist ein 753 Tonnen gewichtiger Kernreaktor-Behälter, den am 12. Februar 1977 in Illinois ein 384rädriger Super-Truck durch die Gegend zerrte.

Am 12. Februar 1980 hastete Peter Squires zur Stärkung seiner Beinmuskulatur die 1575stufige Treppe des New Yorker Empire State Buildings hinauf, und zwar in 10 Minuten und 59 Sekunden, was einem ungefähren »Schnitt« von 2,4 Stufen pro Sekunde entspricht.

Den Schnitt, den die kanadischen Eishockeyspieler am 12. Februar 1949 mit ihrem Rekord-Torverhältnis von 47:0 erzielten, lassen wir der unterlegenen dänischen Mannschaft zuliebe einmal unerwähnt. Dafür soll der Selbstmord einer Puffotter Erwähnung finden, die sich am 12. Februar 1963 im Zoo von Philadelphia nach einem giftspritzenden cholerischen Anfall selbst den Garaus bereitete; die Puffotter hält mit ihren bis zu 5 cm langen Beißwerkzeugen den »Giftzahn-Rekord« in der Schlangenfamilie.

Chronik unseres Jahrhunderts

Welt- und Kulturgeschichtliches von 1900–1980

	Schlagzeilen	Kultur
1900	In Deutschland tritt Bürgerliches Gesetzbuch (BGB) in Kraft. Boxeraufstand in China niedergeschlagen. Erste Autodroschke in Berlin. Pariser Weltausstellung.	G. Hauptmann: Michael Kramer. Rilke: Geschichten vom lieben Gott. Puccini: Tosca. Sibelius: Finlandia. Max Planck begründet Quantentheorie. Erster Zeppelin.
1901	Friedens-Nobelpreis an H. Dunant und F. Passy. US-Präsident McKinley ermordet, Nachf. Th. Roosevelt. Ibn Saud erobert arab. Reich. Pers. Ölfelder erschlossen.	Physik-Nobelpreis an W. Röntgen. Th. Mann: Buddenbrooks. A. Schnitzler: Leutnant Gustl. I. Pawlow beginnt Tierexperimente. Erhaltenes Mammut in Sibirien gefunden.
1902	Italien erneuert Dreibund. L. Trotzki flieht aus Rußland. Südafrika brit. Kolonie. Frauenwahlrecht in Australien. Kuba Freistaat unter US-Protektorat.	Literatur-Nobelpreis an Th. Mommsen. Ibsen: Gesammelte Werke. D'Annunzio: Francesca da Rimini. Debussy: Pelleas et Melisande. Cushing: Erste Nervennaht.
1903	USA erwerben Panamakanalzone. Judenpogrome in Rußland. Ford gründet Autogesellschaft. Siemens-Schuckert-Werke gegründet. Erste Tour de France.	G. Hauptmann: Rose Bernd. G. Klimt: Deckengemälde in der Wiener Universität. Schnitzler: Reigen. Erster Motorflug der Brüder Wright. Steiff ersinnt Teddybär.
1904	Herero-Aufstand in Deutsch-Südwestafrika. Frz.-brit. »Entente cordiale«. Tagung der 2. Internationale in Amsterdam. Autofabrik Rolls Royce gegr. Daimler-Werk in Untertürkheim.	A. Holz: Daphnis. Puccini: Madame Butterfly. Th. Boveri entdeckt Chromosomen als Erbträger. M. Curie erforscht radioaktive Substanzen. Duncan gründet Tanzschule.
1905	Friedens-Nobelpreis an B. v. Suttner. Sieg Japans im Krieg gegen Rußland. Zar erläßt Verfassung. Bergarbeiterstreik im Ruhrgebiet. Schweizerische Nationalbank.	Gorki: Die Mutter. H. Mann: Professor Unrat. R. Strauss: Salomé. Erster (frz.) Film. Medizin-Nobelpreis an R. Koch für Tuberkuloseforschung. Elektr. Glühlampe.
1906	Friedens-Nobelpreis an Th. Roosevelt. Südafrika erhält von Großbritannien Recht auf Selbstverwaltung. A. Dreyfus freigesprochen. Schah gibt Persien Verfassung.	Erste internationale Konferenz für Krebsforschung in Heidelberg u. Frankfurt/Main. Größerer Vesuvausbruch. Erdbeben und Großfeuer vernichten San Francisco.
1907	Allgemeines Wahlrecht in Österreich. Lenin flieht ins Ausland. Stalin überfällt Geldtransport für bolschewist. Parteikasse. Royal-Dutch-Shell-Gruppe gegründet.	Mahler geht an die Metropolitan Oper New York. Ido als reform. Esperanto. Picasso wendet sich dem Kubismus zu. C. Hagenbeck gründet Hamburger Tierpark.
1908	Hamburgisches Weltwirtschaftsarchiv. Österreich-Ungarn annektiert Bosnien und Herzegowina. Luftschiffbau Zeppelin. Einschlag eines Riesenmeteors in Sibirien.	Chemie-Nobelpreis an E. Rutherford (Radioaktivität). Freud: Charakter und Analerotik. Rilke: Neue Gedichte. G. E. Hale entdeckt Magnetfelder der Sonnenflecken.

Schlagzeilen	Kultur	
Neue dt. Verbrauchssteuern. Vorentwurf für neues dt. Strafgesetzbuch. Dt. Kfz-Gesetz. Schah flieht nach nationalist. Aufstand nach Rußland. Erste Dauerwelle.	Literatur-Nobelpreis an S. Lagerlöf. Duse verläßt Bühne. S. Diaghilew zeigt Ballet Russe in Paris. Mahler: 9. Symphonie. R. Strauss: Elektra. R. E. Peary am Nordpol.	1909
Japan annektiert Korea. Weltausstellung in Brüssel. China schafft Sklaverei ab. Erste Kleinepidemien an Kinderlähmung in England. Portugal wird Republik.	Strawinsky: Der Feuervogel. Karl May: Winnetou. Rilke: Aufzeichnungen des Malte Laurids Brigge. Manhattan-Brücke in New York. Käthe Kruse-Puppen.	1910
Reichsversicherungsordnung. Erstmalig Flugzeuge bei dt. Manövern. Regierungskrise in Österreich. Sozialversicherung in England. Kanada baut eigene Flotte.	Hofmannsthal: Der Rosenkavalier, Jedermann. Mahler: Das Lied von der Erde. A. Schönberg: Harmonielehre. R. Wagner: Mein Leben (postum). Erste dt. Pilotin.	1911
Dt. Kolonialbesitz 3 Mio. km² mit 12 Mio. Einwohnern. Untergang der Titanic. Erster engerer Kontakt Lenins mit Stalin. Beginn des Balkankrieges gegen die Türkei.	Literatur-Nobelpreis an G. Hauptmann. R. Strauss: Ariadne auf Naxos. Shaw: Pygmalion. Nofretete-Büste aufgefunden. Röntgenstrahlen. Nichtrostender Krupp-Stahl.	1912
Sylvia Pankhurst (engl. Suffragetten-Führerin) wiederholt festgenommen. Internationaler Gewerkschaftsbund in Amsterdam. Woodrow Wilson Präsident der USA.	Literatur-Nobelpreis an R. Tagore (Indien). Freud: Totem und Tabu. Strawinsky: Le Sacre du printemps. Th. Mann: Der Tod in Venedig. Alex. Behm: Echolot.	1913
Ausbruch des Ersten Weltkrieges. Übergang zum Stellungskrieg in West und Ost. Schlacht bei Tannenberg. Höhepunkt d. engl. Suffragettenbewegung. Gandhis Rückkehr nach Indien.	Th. Mann: Tonio Kröger. Erste dt. Abendvolkshochschulen. Jazz dringt in Tanzmusik ein. Sechsrollen-Rotationsmaschine druckt 200000 achtseitige Zeitungen/Stunde.	1914
Winterschlacht in den Masuren: russ. Armee vernichtet. Dt. Luftangriffe auf London u. Paris. Beginn der Isonzoschlachten. Verschärfter dt. U-Boot-Krieg.	Literatur-Nobelpreis an R. Rolland. Meyrink: Der Golem. Scheler: Vom Umsturz der Werte. Blüte des klass. New Orleans-Jazzstils, durch weiße Musiker Dixieland.	1915
Bildung dt. Fliegerjagdstaffeln. Anwendung hochwirksamer Gase an den Fronten. Entscheidungslose Seeschlacht vor dem Skagerrak. Gasmaske u. Stahlhelm im dt. Heer.	Kafka: Die Verwandlung. M. Liebermann: Die Phantasie in der Malerei. F. Sauerbruch konstruiert durch Gliedstumpfmuskeln bewegliche Prothesen.	1916
USA erklären Deutschland den Krieg. Uneingeschränkter dt. U-Boot-Krieg. G. Clémenceau frz. Ministerpräsident. Erschießung Mata Haris als dt. Spionin in Paris.	G. Benn: Mann u. Frau gehen durch eine Krebsbaracke. Hamsun: Segen der Erde. Pfitzner: Palestrina. O. Respighi: Le fontane di Roma. DIN-Ausschuß gegründet.	1917
Ende des Ersten Weltkrieges. Allgem. dt. Frauenstimmrecht. Gründung der KPD. Ungar. Republik ausgerufen. Gründung der Republiken Litauen, Estland u. Lettland.	Physik-Nobelpreis an M. Planck. H. Mann: Der Untertan. H. St. Chamberlain: Rasse und Nation. J. Péladan: Niedergang d. lat. Rasse. Film: Ein Hundeleben (Ch. Chaplin).	1918
R. Luxemburg u. K. Liebknecht von Rechtsradikalen ermordet. Ebert erster Reichspräsident. Friedensverträge von Versailles u. St. Germain. NSDAP gegründet.	R. Strauss: Frau ohne Schatten. K. Kraus: Die letzten Tage der Menschheit. V. Nijinskij geisteskrank. Abschaffung der Todesstrafe in Österr. Prohibition in den USA.	1919
Hitlers 25-Punkte-Programm im Münchener Hofbräuhaus. Ständiger Internat. Gerichtshof im Haag gegr. O. Bauer: Austromarxismus. Maul- u. Klauenseuche in Dtld.	Literatur-Nobelpreis an Hamsun. E. Jünger: In Stahlgewittern. Mallarmés Nachlaß erscheint. Strawinsky: Pulcinella. Dt. Lichtspielgesetz mit Filmzensur.	1920

	Schlagzeilen	Kultur
1921	Erstes Auftreten der SA. Habsburger in Ungarn entthront. X. Parteitag der russ. Kommunisten bekräftigt Einheit der Partei. K.P. Atatürk verkündet Verfassung.	Physik-Nobelpreis an Einstein. A. Heusler: Nibelungensage. C.G. Jung: Psycholog. Typen. Kretschmer: Körperbau und Charakter. E. Munch: Der Kuß.
1922	Rathenau von Rechtsradikalen ermordet. Deutschlandlied Nationalhymne. Mussolini Ministerpräsident. Nansenpaß für staatenlose Flüchtlinge. Bildung der UdSSR.	Pius XI. Papst (bis 1939). Galsworthy: Forsyte-Saga. Hesse: Siddharta. J. Joyce: Ulysses. Spengler: Untergang des Abendlandes. A. Schönberg: Zwölftonmusik.
1923	Ruhrbesetzung durch Frankreich. Inflationshöhepunkt 1 $ = 4,2 Bill. RM. Hitler-Ludendorff-Putsch in München. Muttertag aus den USA. Erdbeben in Tokio.	Th. Mann: Felix Krull. Rilke: Duineser Elegien. Picasso: Frauen. Freud: Ich und Es. Erstes dt. Selbstwähler-Fernamt. Erste Polarstation der UdSSR.
1924	Hitler schreibt Mein Kampf. Attentat auf I. Seipel. G. Mateotti von Faschisten ermordet. Trotzki abgesetzt u. verbannt. 200000 illegale Abtreibungen/Jahr vermutet.	Th. Mann: Zauberberg. Gershwin: Rhapsodie in blue. Puccini: Turandot. Film: Nibelungen (F. Lang), Berg d. Schicksals (L. Trenker). Tod Mallorys u. Irvings am Mt. Everest.
1925	Friedens-Nobelpreis an Chamberlain u. Dawes. Neugründung der NSDAP. Bildung der SS. Verschärfung der faschist. Diktatur in Italien. Greenwichzeit Weltzeit.	Literatur-Nobelpreis an G.B. Shaw. F.S. Fitzgerald: Big Gatsby. A. Berg: Wozzek. Film: Ein Walzertraum, Goldrausch (Ch. Chaplin). Charleston »der« Tanz.
1926	Friedens-Nobelpreis an Briand u. Stresemann. SPD gegen Reichswehr. Hitlerjugend gegründet. Lord Halifax brit. Vizekönig in Indien. Mussolini »Duce«.	St. Zweig: Verwirrung d. Gefühle. Film: Metropolis (F. Lang), Faust (F.W. Murnau), Panzerkreuzer Potemkin (S.M. Eisenstein). Elektrische Schallplattentechnik.
1927	Arbeiterunruhen in Wien, Justizpalastbrand. Attentat auf Mussolini, Todesstrafe wieder eingeführt. Japan. Konflikt mit China. Erster Fünfjahresplan in der UdSSR.	Hesse: Steppenwolf. Zuckmayer: Schinderhannes. Heidegger: Sein und Zeit. Josephine Baker in Paris. Ch. A. Lindbergh überfliegt Nordatlantik nonstop.
1928	Reichs-Osthilfe für Ostpreußen. W. Miklas österr. Bundespräsident (bis 1938). St. Radic von serb. Radikalen ermordet. Tschiang Kaischek einigt China.	D. H. Lawrence: Lady Chatterley. St. Zweig: Sternstunden d. Menschheit. Disneys erste Micky-Maus-Stummfilme. Ravel: Bolero. Weill: Dreigroschenoper.
1929	Himmler Reichsführer SS. Trotzki ausgewiesen. Börsenkrach, Weltwirtschaftskrise (bis ca. 1933). Indien fordert Unabhängigkeit. Stalin Alleinherrscher.	Literatur-Nobelpreis an Th. Mann. Döblin: Berlin Alexanderplatz. Weill: Mahagonny. Tonfilm. Erste Fernsehsendung in Berlin. Fleming: Penicillin-Forschung.
1930	Rücktritt Regierung Müller. Brüning neuer Reichskanzler. Erster NS-Minister in Thüringen. Österr.-ital. Freundschaftsvertr. Bau d. frz. Maginotlinie.	Ortega y Gasset: Aufstand der Massen. Hesse: Narziß und Goldmund. Musil: Mann ohne Eigenschaften. Film: Der blaue Engel. Schmeling Boxweltmeister.
1931	Verbot einer dt.-österr. Zollunion. Harzburger Front: Bündnis v. Konservativen u. NSDAP. Hoover-Moratorium für internat. Zahlungen. Spanien Republik.	Enzyklika »Quadragesimo anno«. Broch: Die Schlafwandler. Carossa: Arzt Gion. Kästner: Fabian. † Schnitzler, österr. Dichter. Film: Lichter der Großstadt.
1932	Reichspräs. Hindenburg wiedergewählt. Absetzung der preuß. Regierung. Wahlsieg der NSDAP. Ende der Reparationszahlungen. Lindbergh-Baby entführt.	Physik-Nobelpreis an Heisenberg. Brecht: Heilige Johanna. A. Schönberg: Moses u. Aaron (Oper). Film: M, Der träumende Mund. Olympische Spiele in Los Angeles.

Hitler Reichskanzler (»Machtergreifung«). Reichstagsbrand. Goebbels Propagandaminister. Zerschlagung der Gewerkschaften und Parteien in Deutschland.	Dt. Konkordat mit dem Vatikan. Bücherverbrennung in Berlin. † St. George, dt. Dichter. R. Strauss: Arabella. Film: Hitlerjunge Quex, Königin Christine. **1933**
Ermordung der SA-Führung u. vieler Regimegegner beim sog. Röhm-Putsch. Tod Hindenburgs. Hitler Alleinherrscher. Diplomatische Beziehungen USA-UdSSR.	Barmer Bekenntnissynode. † M. Curie, frz. Physikerin. P. Hindemith: Mathis der Maler (Symphonie). Film: Maskerade. Gangster Dillinger in den USA erschossen. **1934**
Friedens-Nobelpreis für Ossietzky (im KZ). Saarland wieder dt. Allg. Wehrpflicht in Deutschland. Dt.-engl. Flottenabkommen. Antijüd. Nürnberger Gesetze.	H. Mann: Henri Quatre. Chagall: Verwundeter Vogel (Gemälde). Egk: Die Zaubergeige (Oper). Film: Anna Karenina, Pygmalion. Erfindung der Hammond-Orgel. **1935**
Besetzung des Rheinlands durch dt. Truppen. Volksfrontregierung in Frankreich. Annexion Abessiniens durch Italien. Beginn des span. Bürgerkrieges.	Großrechenmaschine von K. Zuse. Th. Mann ausgebürgert. E. Jünger: Afrikanische Spiele. Film: Traumulus, Moderne Zeiten. Olympische Spiele in Berlin. **1936**
»Achse« Berlin–Rom. Stalinist. »Säuberungen« in der UdSSR. Beginn des japan.-chines. Krieges. Holländische Prinzessin Juliana heiratet Prinz Bernhard.	Verhaftung Pfarrer Niemöllers. Klepper: Der Vater. Picasso: Guernica (Gemälde). Orff: Carmina Burana (Kantate). Film: Die Kreutzersonate, Der zerbrochene Krug. **1937**
Anschluß Österr. an Deutschland. Münchener Abkommen der Großmächte: ČSR tritt Sudetenland an Deutschland ab. Judenverfolgung in der sog. Reichskristallnacht.	† Barlach, dt. Künstler. Sartre: Der Ekel. Scholochow: Der Stille Don. Film: Tanz auf dem Vulkan. Urankernspaltung durch Hahn und Straßmann. **1938**
Zerschlagung der »Resttschechei«. Rückkehr des Memelgebietes zum Dt. Reich. Hitler-Stalin-Pakt. Ausbruch 2. Weltkrieg. Dt. Sieg über Polen (»Blitzkrieg«).	Pacelli als Papst Pius XII. † Freud, österr. Psychologe. Th. Mann: Lotte in Weimar. Seghers: Das siebte Kreuz. Film: Bel ami. 800-m-Weltrekord durch Harbig. **1939**
Dänemark u. Norwegen von dt. Truppen besetzt. Dt. Sieg über Holland, Belgien, Frankreich. Luftschlacht um England. Pétain frz. Staatschef. Churchill brit. Premier.	Hemingway: Wem die Stunde schlägt. R. Strauss: Liebe der Danae (Oper). † Klee, dt. Maler. Film: Jud Süß, Der große Diktator. Winterhilfswerk in Deutschland. **1940**
Dt. Afrika-Korps unter Rommel. Dt. Truppen erobern Jugoslawien, Griechenland. Dt. Angriff auf UdSSR. Kriegseintritt der USA nach japan. Überfall auf Pearl Harbor.	Brecht: Mutter Courage. Werfel: Das Lied von Bernadette. Film: Reitet für Deutschland, Friedemann Bach, Citizen Kane. Schlager: Lili Marleen. **1941**
Schlacht um Stalingrad. NS-Programm zur Judenvernichtung. Dt. Sieg in Tobruk, Niederlage bei El Alamein. US-Seesieg bei den Midway Inseln über Japan.	Freitod St. Zweig, dt. Dichter. Lindgren: Pippi Langstrumpf. Schostakowitsch: 7. Symphonie. Film: Bambi, Diesel. US-Atombombenprogramm. **1942**
Kapitulation der dt. Stalingradarmee u. des Afrikakorps. Zusammenbruch Italiens. Großangriff auf Hamburg. Ende der Widerstandsgruppe »Weiße Rose«.	Hesse: Das Glasperlenspiel. Th. Mann: Josephsromane. † Reinhardt, dt. Regisseur. Orff: Die Kluge. Erster dt. Farbfilm (Münchhausen). Frankfurter Zeitung verboten. **1943**
Rote Armee an der Weichsel. Invasion der Alliierten in Frankreich. Attentat auf Hitler scheitert am 20. Juli. Aufstand in Warschau. Raketenangriffe auf England.	Chemie-Nobelpreis an O. Hahn. Giraudoux: Die Irre von Chaillot. Sartre: Hinter verschlossenen Türen. † Kandinsky, russ. Maler. Film: Große Freiheit Nr. 7. **1944**

Schlagzeilen	Kultur
1945 Selbstmord Hitlers. Bedingungslose Kapitulation Deutschlands. Gründung der UN. Atombomben auf Japan. 2. Weltkrieg beendet. Vertreibung der ostdt. Bevölkerung.	Steinbeck: Straße der Ölsardinen. † Werfel, österr. Dichter. Britten: Peter Grimes (Oper). Film: Kolberg, Kinder des Olymp. Demontage u. Schwarzmarkt in Deutschland.
1946 Adenauer CDU-, Schumacher SPD-Vorsitzender. Urteile im Nürnberger Kriegsverbrecher-Prozeß. Entnazifizierung. Bildung der ostdt. SED. Italien Republik.	Literatur-Nobelpreis an Hesse. † Hauptmann, dt. Dichter. Zuckmayer: Des Teufels General. rororo-Taschenbücher im Zeitungsdruck. VW-Serienproduktion.
1947 Bildung der amerik.-brit. Bizone. Auflösung Preußens. US-Hilfe für Europa durch Marshall-Plan. UN-Teilungsplan für Palästina. Indien unabhängig.	Benn: Statische Gedichte. Borchert: Draußen vor der Tür. Th. Mann: Dr. Faustus. Bildung der Gruppe 47. Floßüberquerung des Pazifik durch Heyerdahl. New-Look-Mode.
1948 Blockade Berlins. Versorgung durch Luftbrücke. Währungsreform in dt. Westzonen. Gründung Israels. Gandhi ermordet. Konflikt Tito-Stalin.	Freie Universität Berlin gegründet. Kinsey-Report über Sexualität. Brecht: Puntila. Mailer: Die Nackten und die Toten. Film: Bitterer Reis, Berliner Ballade.
1949 Bildung von BRD und DDR, Adenauer erster Bundeskanzler, Heuss erster Bundespräsident. Griech. Bürgerkrieg beendet. Gründung der NATO. China Volksrepublik.	Ceram: Götter, Gräber u. Gelehrte. Jünger: Strahlungen. Orwell: 1984. † R. Strauss, dt. Komponist. Film: Der dritte Mann. Erstes SOS-Kinderdorf.
1950 Dt. Beitritt zum Europarat. Vietminh-Aufstand in Indochina gegen Frankreich. Indonesien unabhängig. Beginn des Korea-Krieges. Tibet von China besetzt.	Dogma von der Himmelfahrt Mariae. Ionesco: Die kahle Sängerin. † H. Mann, dt. Dichter. Film: Orphée (Cocteau), Schwarzwaldmädel, Herrliche Zeiten.
1951 Bildung der Montanunion. Eröffnung des Bundesverfassungsgerichts. UN-Oberbefehlshaber in Korea Mac Arthur abgesetzt. Friedensvertrag USA-Japan.	Gollwitzer: Und führen, wohin du nicht willst. Faulkner: Requiem für eine Nonne. Film: Ein Amerikaner in Paris, Grün ist die Heide. Herz-Lungen-Maschine erfunden.
1952 Deutschlandvertrag. Helgoland wieder dt. Wiedergutmachungsabkommen BRD-Israel. † Schumacher, SPD-Vors. Elisabeth II. Königin von England.	Friedens-Nobelpreis an Schweitzer. Beckett: Warten auf Godot. Hemingway: Der alte Mann und das Meer. Film: Lilli, Rampenlicht. Deutschland wieder bei Olymp. Spielen.
1953 Aufstand in der DDR. Wahlsieg der CDU. † Stalin, sowjet. Diktator. Waffenstillstand in Korea. Mau-Mau-Aufstand. Iran. Regierung gestürzt.	Heidegger: Einführung in die Metaphysik. Koeppen: Treibhaus. Henze: Landarzt (Funkoper). Film: Ein Herz und eine Krone. Erstbesteigung des Mount Everest.
1954 Pariser Verträge: Dt. Wiederbewaffnung. Aufstand in Algerien. Frz. Niederlage bei Dien Bien Phu: Teilung Indochinas. Kommunistenverfolgung in USA.	Th. Mann: Felix Krull (Ergänzung). Hartung: Piroschka. Liebermann: Penelope (Oper). Film: Die Faust im Nacken, La Strada. Rock'n' Roll. Deutschland Fußballweltmeister.
1955 Bildung des Warschauer Pakts. Adenauer in Moskau: Rückkehr der letzten Kriegsgefangenen, diplomat. Beziehungen mit UdSSR. Österr. Staatsvertrag.	† Einstein, dt.-amerik. Physiker, Th. Mann, dt. Dichter. Nabokov: Lolita. Film: Tätowierte Rose, Rififi, Ladykillers. Polio-Schluckimpfung. BMW-Isetta.
1956 Verbot der KPD. 20. Parteitag der KPdSU: Entstalinisierung. Volksaufstand in Ungarn. Israel besetzt den Sinai. Engl.-frz. Angriff auf Ägypten (Suez-Krise).	Bloch: Prinzip Hoffnung. † Brecht, dt. Dichter. Dürrenmatt: Besuch der alten Dame. Film: Der Hauptmann von Köpenick. Erstes Kernkraftwerk in England.

Schlagzeilen	Kultur	
Saarland 10. Bundesland. Absolute CDU-Mehrheit im Bundestag. Rapacki-Plan für atomwaffenfreie Zone. Sowjet. Sputnik-Satelliten, Mißerfolge der USA.	Heisenberg: Weltformel. Beckett: Endspiel. Frisch: Homo Faber. Fortner: Bluthochzeit (Oper). Film: Ariane, Die Brücke am Kai. »Pamir« gesunken.	**1957**
Gründung der EWG. Berlin-Ultimatum der UdSSR. De Gaulle erster Staatspräsident der V. frz. Republik. Intervention der USA im Libanon. Scheidung Schah/Soraya.	† Papst Pius XII., Nachf. Johannes XXIII. Pasternak: Dr. Schiwago. Uris: Exodus. Henze: Undine (Ballett). Film: Wir Wunderkinder. Stereo-Schallplatte.	**1958**
Lübke 2. Bundespräsident. Godesberger Programm der SPD. Chruschtschow verkündet Politik der friedl. Koexistenz. Sieg der kuban. Revolution unter Castro.	Böll: Billard um halb zehn. Grass: Die Blechtrommel. Ionesco: Die Nashörner. Film: Rosen für den Staatsanwalt, Die Brücke, Dolce vita. Sowjetische Mondsonden.	**1959**
MdB Frenzel als Spion entlarvt. Kennedy zum US-Präs. gewählt. Frz. Atomstreitmacht (Force de frappe). Abschuß eines US-Aufklärers über UdSSR. Kongo-Unruhen.	Walser: Halbzeit. Sartre: Die Eingeschlossenen. Film: Glas Wasser, Psycho, Frühstück bei Tiffany. Privatisierung des VW-Werkes. Hary 10,0 Sek. auf 100 m.	**1960**
Berliner Mauer. CDU verliert absolute Mehrheit. Rebellion frz. Generäle in Algerien. Ermordung Lumumbas. US-unterstützte Schweinebucht-Landung auf Kuba gescheitert.	Amnesty International gegründet. Physik-Nobelpreis an Mössbauer. Neubau Berliner Gedächtniskirche. Frisch: Andorra. Gagarin erster Mensch in Erdumlaufbahn.	**1961**
Deutschlandbesuch De Gaulles. »Spiegel«-Affäre: Sturz v. Verteidigungsminister Strauß. Algerien unabhängig. Kuba-Krise: USA erzwingen Abbau sowjet. Raketen.	II. Vatikan. Konzil. Dürrenmatt: Die Physiker. † Hesse, dt. Dichter. Film: Dreigroschenoper. † Marilyn Monroe, US-Filmstar. Sturmflutkatastrophe in Hamburg.	**1962**
Dt.-frz. Freundschaftsvertrag. Kennedy in Deutschland. Rücktritt Adenauers, Erhard neuer Bundeskanzler. Kennedy ermordet. † Heuss, 1. Bundespräsident.	† Papst Johannes XXIII., Nachf. Paul VI. Hochhuth: Der Stellvertreter. † Gründgens, dt. Schauspieler. Film: Das Schweigen, Die Vögel. Fußball-Bundesliga.	**1963**
Brandt SPD-Vors. Diplomat. Beziehungen Frankreich-Rotchina. Sturz Chruschtschows, Nachf. Breschnew/Kossygin. Johnson US-Präsident. Erste chines. Atombombe.	Sartre lehnt Literatur-Nobelpreis ab. Kipphardt: Oppenheimer. Frisch: Gantenbein. Film: Alexis Sorbas. Nachrichten-Satelliten. Mond- und Planetensonden.	**1964**
Diplomat. Beziehungen BRD-Israel. † Churchill, brit. Politiker. Blutige Kommunisten-Verfolgung in Indonesien. US-Luftangriffe auf Nordvietnam.	† Schweitzer, dt. Philantrop. Weiss: Die Ermittlung. Henze: Der junge Lord. »Ring«-Inszenierung W. Wagners. Film: Katelbach. 1. Weltraumspaziergang.	**1965**
Rücktritt von Bundeskanzler Erhard. Große Koalition CDU/CSU–SPD unter Kanzler Kiesinger. Wahlerfolge der NPD. »Kulturrevolution« in der VR China.	Böll: Ende einer Dienstfahrt. Walser: Einhorn. Penderecki: Lukas-Passion. Film: Abschied von gestern. Weiche Mondlandungen. Dt. Mannschaft 2. bei Fußball-WM.	**1966**
† Adenauer, 1. Bundeskanzler. Unruhen bei Schah-Besuch in Berlin: Tod eines Studenten. Israels Sieg im 6-Tage-Krieg. Militärputsch in Griechenland.	Chemie-Nobelpreis an Eigen. Film: Zur Sache Schätzchen, Rosemaries Baby. 1. Herztransplantation. ZdF und ARD starten Farbfernsehen. Raumfahrtunfälle.	**1967**
Notstandsgesetze in der BRD. Attentat auf Studentenführer Dutschke. Mai-Unruhen in Paris. Sowjet. Einmarsch in ČSSR beendet »Prager Frühling«.	Papst gegen künstl. Geburtenkontrolle. † Barth, schweiz. Theologe. Lenz: Deutschstunde. Solschenizyn: Krebsstation. Apollo 8 mit 3 Astronauten in Mondumlaufbahn.	**1968**

Schlagzeilen	Kultur
1969 Heinemann Bundespräsident. Brandt Kanzler einer SPD/FDP-Koalition. Rücktritt des frz. Präsidenten de Gaulle. Grenzkonflikt UdSSR–China am Ussuri.	Grass: Örtlich betäubt. Britten: Kinderkreuzzug (Musikal. Ballade). US-Astronaut Armstrong erster Mensch auf dem Mond. Stiftung des Wirtschafts-Nobelpreises.
1970 Treffen Brandt-Stoph in Erfurt. Gewaltverzichtsvertrag UdSSR-BRD. † de Gaulle, frz. Politiker. Kapitulation Biafras: Ende des nigerian. Bürgerkriegs.	Arno Schmidt: Zettels Traum. † Russell, brit. Gelehrter. Abbruch der Mondmission Apollo 13. Ende des Contergan-Prozesses. Deutschland 3. bei Fußball-WM in Mexiko.
1971 Anschläge der Baader-Meinhof-Terroristen. Viermächte-Abkommen über Berlin. Rücktritt von SED-Chef Ulbricht. Prozeß wegen der Morde von US-Soldaten in My Lai.	Friedens-Nobelpreis für Brandt. Bachmann: Malina. † Strawinsky, russ. Komponist. Film: Uhrwerk Orange; Tod in Venedig. Bundesliga-Skandal um Bestechungen.
1972 Extremistenbeschluß. Verhaftung der Baader-Meinhof-Terroristen. Ostverträge ratifiziert. Erfolgloses Mißtrauensvotum gegen Kanzler Brandt. SPD-Wahlsieg.	Club of Rome: Grenzen des Wachstums. Literatur-Nobelpreis an Böll. Film: Cabaret. Arab. Überfall auf israel. Mannschaft bei Olympischen Spielen in München.
1973 DDR und BRD UN-Mitglieder. † Ulbricht, DDR-Politiker. Yom-Kippur-Krieg: Ölkrise. US-Rückzug aus Vietnam. Chilen. Präsident Allende bei Putsch ermordet.	Fest: Hitler. † Picasso, span. Maler. Film: Das große Fressen. Sonntagsfahrverbote wegen Ölkrise. BRD-Gebietsreform. »Floating« statt fester Wechselkurse.
1974 Scheel Bundespräsident. Rücktritt Kanzler Brandts, Nachf. Schmidt. Austausch ständiger Vertr. DDR/BRD. Sturz v. US-Präsident Nixon. Ende der griech. Militärjunta.	Dessau: Einstein (Oper). Filme: Szenen einer Ehe; Chinatown. Volljährigkeit auf 18 Jahre gesenkt. VW beendet Käfer-Produktion. Deutschland Fußballweltmeister.
1975 Entführung des CDU-Politikers Lorenz. Terroranschlag auf dt. Botschaft in Stockholm. † Franco, span. Diktator. † Kaiser Haile Selassie, Äthiopien Republik.	Bernhard: Der Präsident. Weiß: Der Prozeß. Kagel: Mare nostrum. Film: Katharina Blum. Demonstrationen gegen Kernkraftwerke. Märkisches Viertel in Berlin fertig.
1976 Krise zwischen CDU und CSU. Schmidt erneut Bundeskanzler. Israel. Kommandounternehmen in Entebbe gegen Geiselnehmer. † Mao, chines. Politiker.	† Heidegger, dt. Philosoph. DDR bürgert Liedermacher Biermann aus. Film: Einer flog übers Kuckucksnest. Letzte Dampfloks der Bundesbahn. Neues dt. Eherecht.
1977 Arbeitgeberpräs. Schleyer entführt. Erstürmung von gekaperter Lufthansa-Maschine. Selbstmord inhaftierter dt. Terroristen. Ägypt. Präsident Sadat in Israel.	† Bloch, dt. Philosoph. Grass: Der Butt. Letztes Treffen der Gruppe 47. Centre Pompidou in Paris. † Presley, US-Rockstar. † Herberger, dt. Fußballtrainer.
1978 Frieden Israel–Ägypten. Ital. Politiker Moro entführt und ermordet. Krieg Vietnam-Kambodscha. Massenselbstmord der Volkstempelsekte in Guyana.	Poln. Kardinal Woytila neuer Papst Johannes Paul II. Penderecki: Paradise lost (Oper). Film: Deutschland im Herbst. Jähn (DDR) erster Deutscher im Weltraum.
1979 Carstens Bundespräsident. 1. Direktwahl zum Europa-Parlament. Schiitenführer Khomeini stürzt Schah. UdSSR-Invasion in Afghanistan. Krieg China–Vietnam.	US-Fernsehserie Holocaust in der BRD. Moore-Plastiken für Kanzleramt. Film: Maria Braun. Reaktorunfall in Harrisburg (USA). Aufhebung der Mordverjährung.
1980 Verluste der CDU mit Kanzlerkandidat Strauß. Erfolge der »Grünen«. Bildung d. poln. Gewerkschaft Solidarität. Krieg Irak–Iran. † Tito, jugoslaw. Politiker.	Papst-Besuch in Deutschland. † Sartre, frz. Philosoph. Ermordung Lennons, brit. Musiker. Fernsehserie: Berlin Alexanderplatz. Boykott der Olympischen Spiele in Moskau.

1809–1882 Charles Darwin

Abraham Lincoln (1809–1865)

in einem zeitgenössischen Schmuckblatt

1881–1931 Anna Pawlowa,
die große Tänzerin

Unruhen in Wien 1934: Kanzler Dollfuß spricht

1884–1950 Max Beckmann

»Liegende mit Mandoline«

1768–1835 Kaiser Franz II.

Unterhaltsames
zum 12. Februar

Daniel Defoe

Der erfinderische Robinson

Am 12. Februar 1709 wurde der Schotte Alexander Selkirk nach fünfjährigem unfreiwilligem Aufenthalt auf der Insel Juan Fernandez errettet. Selkirk wurde nach seiner Rückkehr nach England Vorbild für die unsterbliche Figur von Daniel Defoes »Robinson«.

Die herbstliche Regenzeit war jetzt wieder eingetreten. Ich beging den zweiten Jahrestag meiner Landung auf der Insel feierlich und brachte ihn mit Dankgebeten hin. Ich hatte Ursache, denn wirklich ließ Gott seine Barmherzigkeit an mir groß werden durch die Mittel, die er mir an die Hand gab, meinen Zustand erträglicher zu machen.

Mit solchen Gedanken und Gesinnungen trat ich das dritte Jahr meines Aufenthalts auf meiner Insel an. Ich würde meine Leser ermüden, wenn ich ihnen alles berichten wollte, aber ich kann versichern, daß ich selten müßigging. Ein Teil meiner Zeit war meinen Streifzügen und der Jagd gewidmet, auf die ich täglich drei Stunden verwendete, wenn es nicht regnete; einen andern Teil brachte ich mit dem Abbalgen, der Zerlegung, der Aufbewahrung der geschossenen Tiere und der Bestellung meiner Küche zu. Wenn aber die Sonne ihren höchsten Stand erreicht hatte, war die Hitze so drückend, daß ich unmöglich vor Abend ausgehen konnte.

Zur Arbeit blieb mir also im Ganzen nur wenig Zeit übrig; es wurde demnach auch nur wenig getan, zumal mir bei meinem Mangel an Werkzeug und Übung manche Dinge unglaubliche Mühe machten. So erinnere ich mich unter anderm, daß ich zu einem einzigen Brett, das ich aus einem ganzen Baumstamme zuhauen mußte, zweiundvierzig Tage brauchte. Zum Glück scheute ich weder Zeit noch Arbeit, und so versah ich mich nach und nach im Überfluß mit allem, was ich bedurfte.

Die Regenzeit war vorüber, und ich erwartete nun, wie es mit meiner Gersten- und Reisernte gehen würde. Ich hatte kein großes Stück Land dazu umgegraben, denn mein Samenvorrat war nur gering, weil ich durch trokkene Witterung die ganze erste Aussaat verloren hatte. Eine um so reichlichere Ernte versprach ich mir dafür jetzt, da mein Samen auf das Üppigste aufgegangen war. Zum zweiten Male kam ich aber in Gefahr, alle meine Hoffnungen zu verlieren, und zwar durch Tiere verschiedener Art.

Die ersten Feindseligkeiten wurden von den Ziegen und den Hasen begangen, denn kaum hatten sie von der süßen jungen Saat gekostet, so lagerten sie sich um dieselbe her und fraßen sie ganz dicht am Boden weg. Unter solchen Umständen war mein Getreide nur durch eine recht starke Hecke zu retten. Dies war für mich eine neue schwere Aufgabe, die mich nicht wenig Mühe und Schweiß kostete, zumal die Sache eilte. Da aber das

Stück Land nicht groß war und ich rastlos fortarbeitete, kam ich doch in drei Wochen damit zustande. Ehe die Setzlinge angewurzelt waren und feststanden, konnten sie aber leicht noch von den Böcken durchbrochen werden; darum lauerte ich ihnen den Tag über auf und schoß einige nieder, in der Nacht aber band ich meinen Hund an einen Pfahl am Eingange, und zwar an einen langen Strick, an welchem er mit einem entsetzlichen Gebelle bald rechts bald links den Räubern bei dem geringsten Geräusch, das er hörte, zu Leibe zu gehen drohte. So wurden sie am Ende verschüchtert und vertrieben, und bald sah ich mit Lust mein Getreide wachsen, gedeihen und heranreifen.

Nun fanden sich aber Feinde anderer Art ein, die mir auch kein Körnchen zu lassen drohten, und dies waren Vögel aller Art, die sich schwarmweise auf die Hecke setzten und von hier aus die reifen Ähren plünderten. Zum Glück wurde ich ihrer noch zu rechter Zeit gewahr. Ich nahm sogleich meine Flinte, ohne die ich nie ausging, zur Hand und feuerte unter sie. Von dem Schuß erschreckt, erhob sich schreiend und schwirrend eine ganze Wolke gefiederter Diebe in die Luft. Größtenteils waren sie in dem Korn versteckt, denn auf der Hecke saß nur der geringere Teil. Diese Entdeckung versetzte mich in nicht geringe Unruhe, denn da der Mensch geneigt ist, sich immer, wenn eine Gefahr droht, das Schlimmste vorzustellen, so hielt auch ich schon alles für verloren, und machte mir auf kein Körnchen mehr Hoffnung. Darum unterließ ich aber doch bei ruhigerem Blute nichts, dieses Unglück abzuwenden, und nahm mir vor, wenn es nötig sein sollte, lieber Tag und Nacht Wache zu halten. Vor allen Dingen mußte ich nachsehen, was mir bis jetzt die unverschämten Diebe noch gelassen hatten. Bei genauer Untersuchung fand sich, daß der Schaden bei weitem nicht so bedeutend war, wie ich gedacht hatte. Zum Glück für mich hatten die unreifen Ähren, weil sie die Körner noch nicht fahren ließen, der Raubsucht meiner Feinde Einhalt getan; und blieb mir nur, was noch vorhanden war, so hatte ich immer noch eine Ernte zu erwarten.

Ich lud sogleich wieder meine Flinte und ging damit auf die Seite. Da sah ich, wie rings um mich her die Diebe auf den Bäumen saßen und schlau auf mich herabschielten. Wohl wußte ich, daß sie aus ihrem Hinterhalt hervorbrechen würden, sobald ich ihnen aus den Augen wäre. Darum nahm ich meine Flinte auf die Schulter und stellte mich, als ob ich ginge. Kaum war ich fort, so geschah, was ich vorausgesehen hatte! Sie fielen scharenweise über mein Getreide her. Mit jedem Körnchen, das sie aus den Ähren pickten, glaubte ich einen Laib Brot zu verlieren. Ich geriet daher in eine unbeschreibliche Wut und hätte sie im ersten Grimme gern alle ermorden mögen. Doch mit Toben war hier nichts ausgerichtet. Daher faßte ich mich wieder, schlich mich mit meiner Flinte, so leise ich konnte, der Hecke nahe, jagte die Räuber auf und schoß unter ihren dichten Schwarm so glücklich, daß drei tot herabstürzten. Sogleich raffte ich sie auf und hing sie, wie gemeine Diebe, allen andern zur Warnung an eine Art von Galgen. – Dieses Beispiel strafender Gerechtigkeit machte den erwünschten Eindruck. Das Raubgesindel kam nicht mehr über mein Kornfeld und verließ ganz die Gegend. So konnte ich denn schließlich meine Ernte einsammeln.

Nun hätte ich einer Sichel bedurft, aber ich hatte keine. Ein Säbel, wie ich deren mehrere aus dem Schiffe gerettet hatte, mußte ihre Stelle vertreten. Ich hieb damit die Ähren von den Halmen, und diese Arbeit war bald geschehen. Einige Tage lang ließ ich sie trocknen, dann rieb ich die Körner zwischen den Händen aus und reinigte sie von der Spreu. So unbedeutend auch meine Aussaat gewesen war, so sammelte ich doch, meiner Schätzung nach, gegen zwei und einen halben Scheffel guter Gerste, denn manche Körner hatten in dem trefflichen Boden acht und noch mehr Halme mit ansehnlichen Ähren getrieben.

Dieser letzte Versuch war für mich sehr ermunternd und erfüllte mich mit freudiger Zuversicht und dem Vertrauen, daß die göttliche Vorsehung mir es nie an Brot würde fehlen lassen.

Doch nun befand ich mich in neuer Verlegenheit. Wie sollte ich mein Getreide mahlen, wie aus dem Mehl einen guten Teig bereiten, wie und wo die Brotlaibe backen? Ich wußte es nicht. Es war auch nicht ratsam, mit meinem geringen Vorrat viele Versuche zu wagen, die leicht mißlingen konnten; hatte ich aber einmal Überfluß, dann war ein kleiner Verlust viel leichter zu verschmerzen. Dies alles erwog ich reiflich und nahm mir deswegen vor, meine ganze letzte Gerstenernte, oder doch wenigstens den größten Teil davon, aufs neue auszusäen und bis dahin mit allem Fleiß noch ein Stück Feld dazu umzugraben.

Wenig Menschen bedenken, wieviel dazu gehört, sich eigenhändig ein Stück Brot zu verschaffen, wieviel Arbeit, Mühe und Zeit erforderlich sind, bis aus dem Samen Getreide, aus dem Getreide Mehl, aus dem Mehl Brot wird, besonders in einer Lage wie damals die meinige.

Erstens fehlte es mir an einem Pflug und an Zugvieh, sogar an einem Grabscheit, die Erde umzuwühlen. Zwar hatte ich mir nicht ohne große Arbeit eine Schaufel aus Holz zugehauen; was konnte ich aber damit anfangen? Sie war in kurzer Zeit abgenützt, und das Graben mit derselben machte mir, zumal in dem noch nicht urbaren Boden, unglaubliche Mühe. Zweitens fehlte mir, nach der Aussaat, eine Egge, den Samen unter die Erde zu bringen; ein großer Baumzweig, den ich über die Beete zog, mußte daher ihre Stelle vertreten. Ich hatte bei allen meinen Feldarbeiten zehnmal mehr Mühe, als ein Bauer, aber ich fügte mich in alles mit der größten Geduld und Beharrlichkeit.

Der ausgestreute Same ging nun auf und schoß in Ähren. Wollte ich die Früchte davon nicht verlieren, so mußte ich, wie ich es bereits erzählt habe, das Feld des Wildes und der Vögel wegen mit einer Hecke umgeben und mit der Flinte bewachen. Dann kam die Erntezeit; ich mußte es mähen, trocknen, unter Dach bringen, dreschen, worfeln, aufbewahren. Nun fehlte mir eine Mühle, es zu mahlen, ein Sieb, es durchzusieben, ein Backtrog, den Teig anzumachen, Salz, ihn zu salzen, ein Gärungsmittel, ihn aufzutreiben, und ein Backofen, ihn zu backen.

Dies alles mußte ich mir erst verschaffen, und das war schwer. Gleichwohl ließ ich mich durch keine Schwierigkeit abschrecken. Zeit und Mühe scheute ich nicht. Ich hatte bis zur nächsten Ernte sechs volle Monate vor mir; bis dahin ließen sich viele Probleme lösen.

Aus »Robinson Crusoe«

Friedrich de la Motte-Fouqué (1777)

Eine unheimliche Hochzeit

Es war zwischen Morgendämmerung und Nacht, da lag
der Ritter halb wachend, halb schlafend auf seinem Lager. Endlich aber mochte er doch wohl ganz eingeschla-
fen sein; denn es kam ihm vor, als ergriffen ihn Schwa-
nenfittiche und trugen ihn weit fort über Land und See.
Ein Schwan sang ihm tönend in die Ohren, dies sei das
Mittelländische Meer. Und während er in die Fluten hin-
untersah, wurden sie zu lauterm Kristall, daß er hinein-
schauen konnte bis auf den Grund. Er freute sich sehr
darüber; denn er konnte Undine sehen, seine geliebte
Frau, die einst geheimnisvoll zu ihm gekommen und dann
ebenso rätselhaft wieder verschwunden war. Freilich
weinte sie sehr und sah viel betrübter aus als in den glück-
lichen Zeiten, die sie auf Burg Ringstetten miteinander
verlebt hatten. Indessen war Kühleborn zu ihr getreten
und wollte sie über ihr Weinen ausschelten. Da nahm sie
sich zusammen und sah ihn gebietend an, daß er fast da-
vor erschrak. »Wenn ich hier auch unter den Wassern
wohne«, sagte sie, »so hab' ich doch meine Seele mit her-
untergebracht. Darum darf ich wohl weinen, wenn du
auch nicht erraten kannst, was solche Tränen sind.«

Er schüttelte ungläubig mit dem Kopfe und sagte nach
einigem Besinnen: »Und doch, Nichte, seid Ihr unseren
Gesetzen unterworfen, und doch müßt Ihr ihn richtend
ums Leben bringen, wenn er sich wieder verehelicht und
Euch untreu wird.«

»Er ist noch in dieser Stunde ein Witwer«, sagte Undine, »und hat mich aus traurigem Herzen lieb.«

»Zugleich ist er aber auch ein Bräutigam«, lachte Kühleborn höhnisch; »und laßt nur erst ein paar Tage hingehn, dann ist die priesterliche Einsegnung erfolgt, und dann müßt Ihr doch zu seinem Tode hinauf.«

»Ich kann ja nicht«, lächelte Undine zurück. »Ich habe ja den Brunnen versiegelt.«

»Aber wenn er von seiner Burg geht«, sagte Kühleborn, »oder wenn er einmal den Brunnen wieder öffnen läßt! Denn er denkt gewiß wenig an all diese Dinge.«

»Eben deshalb«, sprach Undine und lächelte noch immer unter ihren Tränen, »eben deshalb schwebt er jetzt im Geiste über dem Mittelmeer und träumt zur Warnung dies unser Gespräch. Ich hab' es so eingerichtet.«

Da sah Kühleborn ingrimmig zu dem Ritter hinauf, stampfte mit den Füßen und schoß gleich darauf pfeilschnell unter den Wellen fort.

Da erwachte der Ritter auf seinem Lager und machte sich allerhand wunderliche Gedanken über seinen Traum, vermochte ihn aber nicht zu deuten. So kam es schließlich zu der unseligen Hochzeit mit Bertalda.

Es war eine seltsame Hochzeitsfeier. Es war nicht etwa, daß irgendein gespenstiges Unwesen die festliche Gesellschaft verstört hätte, aber es war dem Ritter und allen Gästen zumute, als fehle noch die Hauptperson bei dem Feste und als müsse diese Hauptperson die allgeliebte Undine sein. Sooft eine Tür aufging, starrten aller Augen unwillkürlich dahin, und wenn es dann weiter nichts war als der Hausmeister mit neuen Schüsseln oder der Schenk mit einem Trunk noch edlern Weins, blickte man wieder trüb vor sich hin. Die Braut war von allen die Vergnügteste; aber selber ihr kam es bisweilen wunderlich vor, daß sie in dem grünen Kranze und den goldgestickten Kleidern an der Oberstelle der Tafel sitze, während Undine als Leichnam starr und kalt auf dem Grund der Donau liege oder mit den Fluten forttreibe.

Die Gesellschaft verlor sich bei kaum eingebrochner Nacht, nicht aufgelöst durch des Bräutigams Ungeduld, sondern durch freudlose Schwermut und Unheil kündende Ahnungen. Bertalda ging mit ihren Frauen, der Ritter mit seinen Dienern, sich auszukleiden; von dem scherzend fröhlichen Geleit der Jungfrauen und Junggesellen bei Braut und Bräutigam war an diesem trüben Feste die Rede nicht.

Bertalda wollte sich aufheitern; sie ließ einen prächtigen Schmuck samt reichen Gewanden und Schleiern vor sich ausbreiten, ihren morgigen Anzug aufs schönste daraus zu wählen. Ihre Dienerinnen freuten sich, der jungen Herrin einige Schmeicheleien sagen zu können, wobei sie die Schönheit der Neuvermählten mit den lebhaftesten Worten priesen. Man vertiefte sich sodann in die Betrachtung des Schmucks, bis endlich Bertalda, in einen Spiegel blickend, seufzte: »Ach, seht ihr die Sommersprossen hier seitwärts am Halse?«

Sie sahen hin und fanden es freilich, wie es die schöne Herrin gesagt hatte; aber ein liebliches Mal nannten sie's, einen kleinen Flecken, der die Schönheit der zarten Haut noch erhöhe. Bertalda schüttelte den Kopf und meinte, ein Makel bliebe es doch immer. – »Und ich könnt' es los sein«, seufzte sie endlich. »Aber der Schloßbrunnen ist zu, aus dem ich sonst immer das köstliche, hautreinigende Wasser schöpfen ließ. Wenn ich doch heut nur eine Flasche davon hätte!«

»Ist es nur das?« lachte die behende Dienerin und schlüpfte aus dem Gemach.

»Sie wird doch nicht so toll sein«, fragte Bertalda wohlgefällig erstaunt, »noch heute abend den Brunnenstein abwälzen zu lassen?«

Da hörte man bereits, daß Männer über den Hof gingen, und konnte aus dem Fenster sehn, wie die gefällige Dienerin sie gerade zu dem Brunnen führte und sie Hebebäume und andres Werkzeug auf den Schultern trugen. Froh in dem Gefühl, daß ein Wink von ihr jetzt vermöge, was ihr vormals verweigert worden war, schaute sie auf die Arbeit in den mondhellen Burghof hinab.

Die Männer hoben mit Anstrengung an dem großen Stein; bisweilen seufzte wohl einer dabei, sich erinnernd, daß man hier der geliebten vorigen Herrin Werk zerstöre. Aber die Arbeit ging viel leichter, als man gemeint hatte. Es war, als hülfe eine Kraft aus dem Brunnen heraus den Stein emporbringen. Und mehr und mehr hob sich der Stein, und fast ohne Beistand der Werkleute rollte er langsam mit dumpfem Schallen auf das Pflaster hin. Aber aus des Brunnens Öffnung stieg es gleich einer weißen Wassersäule feierlich herauf; sie gewahrten, daß die aufsteigende Gestalt eine bleiche, weißverschleierte Frau war. Sie weinte bitterlich und schritt mit langsam ernstem Gange nach dem Schloß. Auseinander stob das Burggesinde, vom Brunnen fort; bleich stand, entsetzensstarr, mit ihren Dienerinnen die Braut am Fenster. Als die Gestalt nun dicht unter deren Kammern hinschritt, schaute sie nach ihr empor, und Bertalda meinte, unter dem Schleier Undines bleiche Gesichtszüge zu erkennen. Vorüber aber zog die Jammernde, zögernd, wie zum Hochgericht. Bertalda schrie, man solle den Ritter rufen; es wagte sich keine der Zofen von der Stelle, und auch die Braut selber verstummte wieder, wie vor ihrem eigenen Laut erbebend.

Während jene noch immer bang am Fenster standen, wie Bildsäulen regungslos, war die seltsame Wanderin in die Burg gelangt, die wohlbekannten Treppen hinauf, die wohlbekannten Hallen durch.

Der Ritter aber hatte seine Diener entlassen. Halb ausgekleidet, in betrübtem Sinnen stand er vor einem großen Spiegel; die Kerze brannte dunkel neben ihm. Da klopfte es an die Türe mit leisem Finger. Undine hatte sonst wohl so geklopft, wenn sie ihn necken wollte. – »Es ist alles nur Phantasie!« sagte er zu sich selbst. »Ich muß ins Hochzeitsbett.«

»Das mußt du, aber in ein kaltes!« hörte er eine weinende Stimme draußen vor dem Gemache sagen, und dann sah er im Spiegel, wie die Türe aufging, langsam, und wie die weiße Wanderin hereintrat und das Schloß wieder hinter sich zudrückte.

»Sie haben den Brunnen aufgemacht«, sagte sie leise, »und nun bin ich hier, und nun mußt du sterben.«

Er fühlte in seinem stockenden Herzen, daß es auch gar nicht anders sein könne, deckte aber die Hände über die Augen und sagte: »Mache mich nicht in meiner Todesstunde durch Schrecken wahnsinnig. Wenn du ein entsetzliches Antlitz hinter dem Schleier trägst, so lüfte ihn nicht und richte mich, ohne daß ich dich schaue.«

»Ach«, entgegnete die Wanderin, »willst du mich denn nicht noch ein einziges Mal sehn? Ich bin schön wie damals, als du um mich warbst.«

»O wenn das wäre«, seufzte der Ritter, »und wenn ich sterben dürfte an einem Kusse von dir!«

»Recht gern, mein Liebling«, sagte sie. Und ihren Schleier schlug sie zurück, und himmlisch schön lächelte ihr holdes Antlitz daraus hervor. Bebend vor Liebe und Todesnähe neigte sich der Ritter ihr entgegen; sie küßte ihn mit einem himmlischen Kusse; aber sie ließ ihn nicht mehr los; sie drückte ihn inniger an sich und weinte, als wolle sie ihre Seele fortweinen. Die Tränen drangen in des Ritters Augen und wogten im lieblichen Weh durch seine Brust, bis ihm endlich der Atem entging und er aus den schönen Armen als ein Leichnam sanft auf die Kissen des Ruhebettes zurücksank.

»Ich habe ihn totgeweint«, sagte sie zu einigen Dienern, die ihr im Vorzimmer begegneten, und schritt durch die Mitte der Erschreckten langsam nach dem Brunnen hinaus.

Aus »Undine«

Franz Grillparzer

Kaiser Franz I. von Österreich (1768)

Indes die Zeitungen bei seinen Lebzeiten von nichts als der beinahe abgöttischen Verehrung seiner Untertanen gegen die Person ihres väterlichen Monarchen sprachen, war von alle dem bei uns nach seinem Tode keine Spur zu sehen. Mit heitern Gesichtern ging alles zum Begräbnis wie zu einer Faschingsredoute, und noch am Vorabende bei der Aussetzung der Leiche war ich Zeuge von Ausbrüchen der Lustigkeit und des Spaßes, die auf alles eher, als auf den Verlust eines angebeteten Fürsten hindeuteten. Der Grund davon ist, daß er eben nicht angebetet wurde, und die Zeitungen logen. Der Österreicher liebte seinen Kaiser, wie Desdemona den Othello, seiner Unglücksfälle wegen. In den furchtbaren Ereignissen von 1805 und 1809 war ein eigentlicher Enthusiasmus für ihn lebendig. Die Siege der Jahre 1813 und 14 riefen etwas Ähnliches heror. Der Grund war der nämliche. Glück und Unglück umgaben ihn mit einem höhern Lichte. Man war für ihn begeistert, weil selbst eine Art Begeisterung in ihn gekommen zu sein schien. In gewöhnlichen Zeiten fiel er in seine eigentliche Natur zurück, und die war nicht böse, nicht unklug, nicht gerade schwach, nicht niedrig, schon gemein wäre zu hart; sie war ordinär. Es war keine Elevation, keine Art Hoheit in ihm. Er war gerecht in bezug auf körperliches Mein und Dein, hätte er eine Ahnung gehabt, daß es auch geistige Güter gibt, vielleicht hätte sich seine Gerechtigkeit auch auf diese erstreckt; sein Sinn war aber geschlossen und zu. Er schätzte Künste und Wissenschaften insofern sie einen zähl- und wägbaren Nutzen bringen oder den geist ausmöblieren ohne ihn zu kräftigen. Philosophie, Geschichte und Poesie in höherm Sinn waren ihm ein Greuel. Seine Religioität war Gewohnheit. In späterer Zeit trat sie ihm vielleicht näher, seine früheren Unglücksfälle haben ihm gewiß nie das Vertrauen auf Gott erleichtert.

Otto Ludwig (1813)

Der Turmbrand

Plötzlich war Schnee und dann große Kälte eingetreten. Den ganzen Tag hatten sich dunkle Wolken übereinander gebaut. Die ganze Masse stand regungslos über der Stadt. Die Schwärze wuchs. Schon zwei Stunden nach Mittag war es Nacht in den Straßen. Die Bewohner der Untergeschosse schlossen die Läden; in den Fenstern der höheren Stockwerke blitzte Licht um Licht auf. Auf den Plätzen der Stadt, wo ein größeres Stück Himmel zu übersehen war, standen Gruppen von Menschen zusammen und sahen bald nach allen Seiten aufwärts, bald sich in die langen, bedenklichen Gesichter. Sie erzählten sich von den Raben, die in großen Zügen bis in die Vorstädte hereingekommen waren, zeigten auf das tiefe, unruhige, stoßende Geflatter der Dohlen um Sankt Georg und Sankt Nikolaus. Die Mutigeren meinten, es sei nur ein starkes Gewitter. Aber auch das schien bedenklich genug. Der Fluß und der Feuerteich, dessen Wasser auf unterirdischen Wegen jedem Teile der Stadt zugeleitet werden konnte, waren beide gefroren. Manche hofften, die Gefahr werde vorübergehen. Aber so oft sie hinaussahen, die dunkle Masse rückte nicht von der Stelle. Zwei Stunden nach Mittag hatte sie schon so gestanden; gegen Mitternacht stand sie noch unverändert so. Nur schwerer, schien es, war sie geworden und hatte sich tiefer herabgesenkt.

Es schlug zwölf vom Sankt Georgenturm. Der letzte Schlag schien nicht verhallen zu können. Aber das tiefe, dröhnende Summen, das so lange anhielt, war nicht mehr der verhallende Glockenton. Denn nun begann es zu wachsen; wie auf tausend Flügeln kam es gerauscht und geschwollen und stieß zornig gegen die Häuser, die es aufhalten wollten, riß Läden los und warf sie grimmig zu; quetschte sich stöhnend zwischen nahestehenden Mauern hindurch; pfiff wütend um die Straßenecken; rüttelte an allem Festen; blies den Schnee von einem Dach aufs andere, fegte ihn von der Straße, jagte ihn an steile Mauern hinauf, daß er vor Angst in alle Fensterritzen kroch.

Da man ein Gewitter voraussah, war alles in den Kleidern geblieben. Die Rats- und Bezirks-Gewitternachtwachen sowie die Spritzenmannschaften waren schon seit Stunden beisammen. Herr Nettenmair hatte seinen Sohn Apollonius nach der Hauptwachstube im Rathause gesandt. Die zwei Gesellen saßen bei den Turmwächtern, der eine zu Sankt Georg, der andere zu Sankt Nikolaus. Die übrigen Ratswerkleute unterhielten sich in der Wachtstube. Auf dem Rathausturme schlug es eins. Apollonius trat an ein Fenster. Da leckte eine riesige, schwefelblaue Zunge herein, bäumte sich zitternd zweimal an Ofen, Wand und Menschen auf und verschlang sich spurlos in sich selber. Der Sturm brauste fort; aber wie er aus dem letzten Glockenton von Sankt Georg geboren schien, so erhob sich jetzt aus seinem Brausen etwas, das an Gewalt sich so riesig über ihn emporreckte, wie sein Brausen über den Glockenton.

Ein Hilfeschrei, ein Feuerruf erscholl durch Sturm und Donner. »Es hat eingeschlagen«, schrie es draußen auf der Straße. »Es hat in den Turm von Sankt Georg geschlagen. Feuerjo auf dem Turm von Sankt Georg!« Danach rief es: »Wo ist der Nettenmair? Kann einer helfen,

dann ist's der Nettenmair! Wo ist der Nettenmair?«
Der Bauherr sah Apollonius erbleichen. Seine schlanke Gestalt richtete sich hoch auf. Er knöpfte sich rasch ein, zog den Riemen seiner Mütze fest unter dem Kinn. »Bleib' ich«, sagte er zu dem Bauherrn, indem er sich zum Gehen wandte, »so denkt an meinen Vater, an meines Bruders Weib und seine Kinder.«

Der Ruf: »Nettenmair! Wo ist der Nettenmair!« tönte dem Gerufenen auf seinem Wege nach Sankt Georg entgegen und klang hinter ihm her. Das Vertrauen seiner Mitbürger weckte das Gefühl seines Wertes in ihm auf.

Der Platz um Sankt Georg war mit Menschen angefüllt, die alle voll Angst nach dem Turmdache hinaufsahen. Einer sagte: »Es ist ein kalter Schlag gewesen. Man sieht ja nichts.« Ein anderer meinte, die Flamme könne noch ausbrechen. Hundert Stimmen setzten auseinander, welches Unglück die Stadt betreffen könne, wenn der Schlag kein kalter war. Viele klagten, wie der Sturm einen möglichen Brand begünstige, und daß kein Wasser zum Löschen vorhanden sei. Die meisten stellten in angstvoller Beredsamkeit den Gang dar, den der Brand nehmen würde. Stürzte das brennende Dachgebälk, so trieb es der Sturm dahin, wo eine dichte Häusermasse fast an den Turm stieß. Hier war die feuergefährlichste Stelle der ganzen Stadt. Zahllose hölzerne Emporlauben in engen Höfen, bretterne Dachgiebel, schindelngedeckte Schuppen, alles so zusammengepreßt, daß nirgends eine Spritze hineinzubringen, nirgends eine Löschmannschaft mit Erfolg anzustellen war. Stürzte das brennende Dachgebälke nach dieser Seite, so war das ganze Stadtviertel, das vor dem Winde lag, unrettbar verloren.

»Wo hat es hingeschlagen?« fragte Apollonius.

»In die Seite nach Brambach zu«, antworteten viele Stimmen.

Apollonius machte sich Bahn durch die Menge. Mit großen Schritten eilte er die Turmtreppe hinauf. Er war den langsamen Begleitern um eine gute Strecke voraus. Die Türmersleute meinten, es müsse ein kalter Schlag gewesen sein, und waren doch im Begriff, ihre besten Sachen zusammenzuraffen, um vom Turme zu fliehen. Nur der Gesell, den er am Ofen beschäftigt fand, besaß noch Fassung. Apollonius eilte mit Laternen nach dem Dachgebälk, um sie da aufzuhängen. Innen am Dachgebälke wurde Apollonius keine Spur von einem beginnenden Brande gewahr. Weder der Schwefelgeruch, der einen Einschlag bezeichnet, noch gewöhnlicher Rauch war zu bemerken. Apollonius hörte seine Begleiter auf der Treppe. Er rief ihnen zu, er sei hier. In dem Augenblicke zuckte es blau zu allen Turmluken herein, und unmittelbar darauf rüttelte ein prasselnder Donner an dem Turm. Apollonius stand erst wie betäubt. Hätte er nicht unwillkürlich nach einem Balken gegriffen, er wäre umgefallen von der Erschütterung. Ein dicker Schwefelqualm benahm ihm den Atem. Die Werkleute, dem Schlage ferner, waren vor Schrecken auf den obersten Treppenstufen stehengeblieben. »Herauf!« rief ihnen Apollonius zu. »Schnell das Wasser! Die Spritze! In diese Seite muß es geschlagen haben, von da kam Luftdruck und Schwefelgeruch.«

Der Maurer und der Schornsteinfeger folgten dem Zimmermann, der die Schläuche trug, so schnell als möglich mit der Spritze die Leitertreppe hinauf. Die andern

brachten Eimer kalten, der Gesell einen Topf heißen
Wassers, um durch Zugießen das Gefrieren zu verhindern. Der Bretterweg war schmal; durch die verständige
Anordnung Apollonius' fand dennoch alles im Augenblicke seinen Platz.

Apollonius öffnete die Ausfahrtür, durch die nun der
Sturm hereinfuhr und den Leuten den Atem nahm. Die
rechte Hand gegen die Verschalung gestemmt, bog er
sich hinaus; in der linken Hand hielt er die Dachleiter, um
sie an dem nächsten Dachhaken über der Tür anzuhän-
gen. Den Werkleuten schien das unmöglich. Der Sturm
mußte die Leiter in die Lüfte reißen und – nur zu möglich
war's, er riß den Mann mit. Es kam Apollonius zustatten,
daß der Wind die Leiter gegen die Dachfläche drückte.
An Licht fehlte es nicht, den Haken zu finden; aber der
Schneestaub, der dazwischen wirbelte und, vom Dache
herabrollend, in seine Augen schlug, war hinderlich.
Dennoch fühlte er, die Leiter hing fest. Zeit war nicht zu
verlieren; er schwang sich hinaus. Er mußte mehr der
Kraft und Sicherheit seiner Hände und Arme vertrauen
als dem sichern Tritt seiner Füße, als er hinaufklomm;
denn der Sturm schaukelte die Leiter samt dem Mann wie
eine Glocke hin und her. Oben, seitwärts über der ersten
Sprosse der Leiter, hüpften bläuliche Flammen mit gelben Spitzen. Der Raum, den der Brand bis jetzt einnahm,
war ein kleiner. Er sah, noch war zu retten; und er
brauchte die Kraft, die ihm dieser Gedanke gab. Er zog
die Klaue aus dem Gürtel; wenig Stöße mit dem Werkzeug, und die Schiefer fielen abgestreift in die Tiefe. Nun
übersah er deutlich den geringen Umfang der brennen-
den Fläche; seine Zuversicht wuchs. Die Spritze bewies

sich kräftig; wo ihr Strahl unter den Rand der Schiefer sich einzwängte, splitterten diese krachend von den Nägeln. Die Flammen des Brandes knisterten und hüpften zornig unter dem herabfließenden Wasser; erst dem unmittelbar gegen sie gerichteten Strahl gelang es, die hartnäckigen zu bezwingen. Die Brandfläche lag schwarz vor ihm, dem Strahl der Spritze antwortete kein Zischen mehr. Da rasselte das Getriebe der Uhr tief unter ihm. Es schlug zwei.

Die Menge unter ihm hielt den Atem an, als die Ausfahrtür sich öffnete und die herausgehaltene Leiter sichtbar wurde. Und die Leiter hing und schaukelte hoch oben mit dem Manne, der daran hinaufklomm, von Schnee umwirbelt, von Blitzen umzuckt; die Leiter hinauf, die wie eine Glocke mit ihm schaukelte in der entsetzlichen Höhe. Aus Hunderten der verschiedensten Gesichter starrte derselbe Ausdruck nach dem Manne hinauf. Keiner glaubte an das Wagnis, und sie sahen den Wagenden doch. Es war wie etwas, das ein Traum wäre und doch Wirklichkeit zugleich. Keiner glaubte es, und doch stand jeder einzelne selbst auf der Leiter, hoch zwischen Himmel und Erde. Wenn der Mann stürzte, dann waren sie's, die stürzten. Die Menschen unten auf der festen Erde hielten sich krampfhaft an ihren eigenen Händen, an ihren Stöcken, ihren Kleidern an, um nicht herabzustürzen von der entsetzlichen Höhe. Sie vergaßen die Gefahr der Stadt, ihre eigene über die Gefahr des Menschen da oben, die ja doch ihre eigene war. Sie sahen, der Brand war getilgt, die Gefahr der Stadt vorüber. Als der Mann die Leiter herabgeklommen, in der Ausfahrtür verschwunden war und die Leiter sich nachgezogen hatte, begann eine alterszitternde Stimme zu singen: »Nun danket alle Gott.« Sturm und Gewitter waren vergessen. Alles stürzte durcheinander, den Gerufenen suchend; der Turm von Sankt Georg wurde gestürmt. Apollonius wurde von Arm in Arm gerissen. Seine Hände wurden so gedrückt und geschüttelt, daß er sie drei Tage lang nicht mehr fühlte. Er verlor seine natürliche Haltung nicht; die verlegene Bescheidenheit dem begeisterten Danke gegenüber stand ihm so schön wie sein mutig entschlossenes Wesen in der Gefahr. Man sah, Eitelkeit und Ehrbegierde hatten keinen Teil an seiner Tat gehabt.

Aus »Zwischen Himmel und Erde«

Theodor Plievier (1892)

Das Ende der 6. Armee

Und da war Schnee, da war der Morgen- und der Abendnebel und da war der Himmel mit den Sternen. Über allen Feldern war Stille, und auf den Schutthaufen der zerstörten Dörfer war das Geschilpe von Spatzen. Und wieder war es Abend und war es Morgen, und wieder entstieg das Sonnenrad der gefrorenen Wolga, rollte über die Giebel und Steinkamine und die dachlosen Hausskelette der Stalingrader Ruinenwelt hinweg, zog seine hohe blitzende Bahn, rollte abwärts den Rossoschkahöhen und dem Don entgegen und versank mit feurigem Aufglühen. Und so weit die Sonne ihren Bogen schlug, von der Wolga bis zum Don und weit und breit über der Donsteppe war Stille.

Durch Schnee und Stille bewegte sich der Zug durch

Tag und Nacht. Von Stalingrad-Mitte über den Flug-
platz, weiter über die flache Steppe, über den Bahndamm
hinweg, neben dem Bahndamm her bis Gumrak und weiter auf der Donsteppe in Richtung Kotluban; und aus Sta-
lingrad-Nord über Gorodischtsche und Alexandrowka
und ebenfalls ausmündend auf die Donsteppe in Richtung Kotluban, wo vom Kriege unzerstörtes Land und die
Eisenbahn den Strom aufnehmen konnte.

Durch Schnee und Stille in den wüsten Dörfern schilp-
ten Spatzen, und auf der Steppe hoben sich Krähen von
den Leichenhaufen ab, zogen mit schwerem Flügelschlag
über die langsam dahinziehenden Haufen wankender
Gestalten.

Im Nebel glichen die ziehenden Haufen einer dahinsik-
kernden düsteren Schlammflut, und im hellen Sonnen-
schein glichen sie treibendem Gewölk. Auf kurzen
Marschpausen am Wege stauten sie sich in Erdlöchern,
Gesicht an Gesicht und Bein an Bein, die Pritschen über-
krustet von Menschentrauben, und wenn die oben Liegenden durchbrachen, hoben sie sich nicht auf, auch
wenn die unten Liegenden erdrückt und getötet wurden.

Eine düstere Schlammflut in die Gefangenschaft wankender verzweifelter kranker, sterbender Soldaten
wälzte sich durch das zerstörte Land – die geschlagene
Armee von Stalingrad.

Am Horizont wuchs eine Steppensiedlung auf, und
herankommend war es nichts als ein Seite an Seite und
Rad an Rad und Dach an Dach stehender riesiger Pulk
zertrümmerter und ausgeplünderter Lkw's und Pkw's
und Kübelwagen und Omnibusse; und wer dort an einer
Wagenwand hinsank oder sich unter einen Wagen ver-

kroch, um niemals mehr aufzustehen, wurde davon nicht abgehalten. In eine Schlucht fiel der Weg ab, und die Schlucht war ein Grab von Panzern, Sturm- und Flakgeschützen und die Stätte schwarzer Krähenschwärme, und an der anderen Seite stieg der Weg wieder zur Ebene an. Die Füße trotteten und schleiften und glitschten über die Straße. Es gab den einen und es gab den anderen, der noch Gedanken dachte, aber es waren wenige, die überhaupt noch dachten. Die Masse trottete dahin mit der Geschwindigkeit von einem Kilometer in der Stunde. Die Armee war eine Elitearmee gewesen, und das Gros war nicht in Städten, sondern aus ländlichen Gebieten rekrutiert. Und die Bauernjungen, schon durch »Arbeitsdienst« und vormilitärische Ausbildung von ihrer Umgebung und ihrem Boden getrennt, und soweit sie Infanteristen waren, hatten sie einen Fußmarsch von mehr als zweitausend Kilometer hinter sich, und es war, als ob mit dem letzten Aufbrüllen ihrer Kanonen auch ihre Seelen zerflattert wären, und die Stille, durch die sie zogen, war schon das Totenland. Die Masse zog dahin, erfrorene Füße oder erfrorene Zehen, vom Frost angenagte Gesichter, manche ohne Ohren, manche ohne Nase. Der Gefreitenwinkel, die Unteroffizierstressen waren Rangabzeichen der einzig denkbaren Ordnung gewesen, und mit der versunkenen Bedeutung dieser Zeichen war auch die Welt der Ordnung zerfallen. Sie zogen dahin, und es war eine Ausnahme, wenn einem Strauchelnden die Hand gereicht wurde. Es lag schon jenseits des in Betracht Kommenden, daß ein letztes Stückchen Brot geteilt wurde.

Das Chaos war befohlen worden, und da war es!

Die graue Woge erreichte die Donebene, neben der Bahnlinie nach Kotluban strömte sie her. Bei einem Dorf, einer Pferdezuchtfarm, einer Traktorenstation standen Waggons, und die Waggons nahmen die Flut auf, und auf Eisenbahnachsen rollte sie weiter.

Volk in die Irre geführt und versprengt, alle gezogenen Grenzen überschreitend, der entrollten Fahne des Wahnwitzes folgend, sich über die Landkarte Europas, über die Täler und Wälder und Felder und Meere hinbreitend, und bei diesem Unternehmen zermahlen zu Schrott, zerpulvert zu Staub...

Und es fuhr ein Wind auf, der kam über die weiten Schneewüsten des Ostens und war eisig, und da über allen Feldern vom Pamir und dem Balchaschsee her über den Aralsee weg bis zur Wolga die hohe Sonne stand und schwebende diamantene Helle die Lüfte erfüllte, war es ein erster Vorfrühlingswind, und der zog klingend durch die hohlen Hallen und die ragenden Ruinen und die zerklafften Mauern der Stadt Stalingrad und zog weiter über das von Trichtern und Gräbern zerfressene und von Haufen zerschlagener Kampfwagen und Rädern und Geschützen überstreute weite Land. Und nichts war am Himmel, kein Motorengeheul mehr und keine aufspritzende Rauch- und Erdfontäne mehr, nichts war als das Klingen des Windes. Und die Erde war leer, und von Stalingrad-Mitte über Gumrak und weiter bis zu den Dörfern der Donsteppe zog sich eine breite, von vielen Füßen ausgetretene Spur, eine lang hingezogene Kiellinie, die Schicksalslinie eines Volkes, einen Sterntag lang aufscheinend und wieder versinkend.

Aus »Stalingrad«, © Kurt Desch Verlag, München

Georg Christoph Lichtenberg

Von den Rezensenten

Ich hoffe die meisten meiner Leser männlichen Geschlechts werden ehemals Primaner gewesen sein und aus der Erfahrung wissen, wie heftig um jene Zeit der Trieb ist, Bücher zu rezensieren, und wie schmeichelhaft der sündigen Seele, Entree-Billets zum Tempel des Nachruhms für Leute zu stempeln, die älter sind als wir.

Wir ahmten zu viel nach: dieses ist der schändlichste Einwurf unter allen und sollte von Rechts wegen mit einem Schimpfwort beantwortet werden. Allein ich will mich fassen und nur einstweilen hiermit feierlich deklarieren, es mag's gesagt haben, wer da will, so bringe ich entweder den Mann noch um seine Besoldung oder zu Kirchenbuße oder rezensiere ihm einmal, ehe er sich's versieht, eines seiner Werke, daß er die Schwindsucht darüber kriegen soll. Es mögen ihm nun alle die neun Musen daran geholfen, Meil die Vignetten radiert und Dieterich es gedruckt haben, das ist mir gleichviel...

Dem Büchelchen die Pocken inokulieren, das bedeutet soviel wie: sich die Rezensenten durch Bitten zu Freunden zu machen.

Wenn du ein Buch oder eine Abhandlung gelesen hast, so sorge dafür, daß du es nicht umsonst gelesen haben magst; abstrahiere dir immer etwas daraus zu deiner Besserung, zu deinem Unterricht oder für deine Schriftsteller-Ökonomie.

Ich glaube, daß einige der größten Geister, die je gelebt haben, nicht halb soviel gelesen hatten und bei weitem nicht soviel wußten als manche unserer sehr mittelmäßigen Gelehrten. Und mancher unserer sehr mittelmäßigen Gelehrten hätte ein größerer Mann werden können, wenn er nicht so viel gelesen hätte.

Ich glaube nicht, daß ein vernünftiger Mann in Deutschland ist, der sich um das Urteil einer Zeitung bekümmert, ich meine, der ein Buch verdammt, weil es die Zeitung verdammt, oder schätzt, weil es die Zeitung anpreist, denn es streitet schlechterdings mit dem Begriff eines vernünftigen Mannes.

Unter die größten Entdeckungen, auf die der menschliche Verstand in den neuesten Zeiten gefallen ist, gehört meiner Meinung nach wohl die Kunst, Bücher zu beurteilen, ohne sie gelesen zu haben.

Es ist immer besser, einem schlechten Schriftsteller gleich den Gnadenstoß zu geben, als ihn so lebendig von unten heraufzurezensieren.

Das persönliche Horoskop
Astrologische Charakterkunde für
den eigenwilligen und diplomatischen Wassermann
3. Dekade vom 10.–19. Februar

Ihr persönlicher Weg zum Glück

Sie sind beneidenswert. Als Wassermann-Geborener der
dritten Dekade gehen Ihnen fast alle Hoffnungen und
Träume im Leben in Erfüllung, wenn Sie die nötige Energie aufbringen, auch an unwahrscheinliche Möglichkei-
ten heranzugehen. Sie haben etwas von einem Hellseher
an sich, der die Zukunft spürt und sich daher schon vor-
her darauf einstellen kann. Sie gehen niemals einen Weg,
der auf Lügen aufgebaut ist. Sie haben es nicht nötig, mit
Täuschungen und Ausweichmanövern zu arbeiten. Und
wenn Sie sich ärgern, so tun Sie das auf eine Art, die für
ihre Umgebung akzeptabel ist. Gerade für Sie kann
Astrologie eine handfeste Lebenshilfe sein, mit der Sie
Ihr Schicksal optimal in den Griff bekommen können. Sie
müssen nur entsprechend auf Warnungen und Hinweise
der Sterne reagieren.

Für ein glückliches und ausgeglichenes Dasein spielen
ganz bestimmte Farben in Ihrem Leben eine dominie-
rende Rolle. Wassermann-Geborene der dritten Dekade
werden ganz besonders von den Farben Dunkelblau,
Hellblau, Bernstein, Rosa und Türkis beeinflußt. Diese
Farben bereiten Ihnen ein außerordentlich harmonisches

und wohliges Gefühl. Sie sollten sich daher möglichst oft mit diesen Farbtönen umgeben. Daß Sie auf die Farben Rot und Grün kaum negativ reagieren und sich durch sie nicht gestört fühlen, ist auf den deutlichen Fische-Einfluß Ihrer Dekade zurückzuführen. Sie müssen also diese beiden Farben nicht aus Ihrem Dasein verbannen, wie das bei anderen Wassermann-Geborenen oft der Fall ist. An Glückszahlen stehen Ihnen gleich vier zur Verfügung: die Acht, die Drei, die Vier und die Zehn, wobei die Acht die wichtigste für Sie ist. Wo immer Ihnen aber die vier Zahlen begegnen, dürfen Sie zuversichtlich sein. Sie spielen manchmal in ganz unerwarteten Lebenssituationen eine übergeordnete und faszinierende Rolle.

Ihre Glückmetalle, die Ihren Organismus positiv beeinflussen, sind Aluminium und Legierungen mit Aluminium. Das ist auch der Grund, warum mitunter Wassermann-Geborene der dritten Dekade leidenschaftlich gern in der Küche Aluminiumgeschirr verwenden.

Es gibt auch eine Reihe von Pflanzen, die Ihnen Glück bringen und sehr zu Ihrem Wohlbefinden beitragen. Das sind die Myrrhe, der Kreuzdorn, bunte Schnittblumen und exotische Meerespflanzen. Ideal für Sie: ein Aquarium mit Unterwassergarten.

Die Glückssteine im Leben des Wassermann-Geborenen der dritten Dekade sind der blaue Saphir, Chrysopras, Jade, Korallen sowie hellblaue oder hellgrüne Edelsteine. Der klare Kristall übt einen magisch-positiven Einfluß auf Sie aus und zieht Sie besonders an.

Sorgen Sie dafür, daß Sie in Ihrem Leben immer wieder mit Originellem und Ausgefallenem konfrontiert werden. Das regt sie verstärkt an. Lassen Sie es Ihre

Freunde und Verwandten ganz offen wissen: Man kann Ihnen die größte Freude mit einem ungewöhnlichen Geschenk machen. Sie lieben alte Stücke ebenso wie neue verrückte Dinge. Wobei Sie als Wassermann-Geborener der dritten Dekade das Moderne nicht immer ganz ernst nehmen. Der Fische-Einfluß zieht Sie doch mitunter sehr ins Konservative hinein.

Als Wassermann hegen sie viel geheime Wünsche. Wenn niemand sie Ihnen erfüllt, dann tun Sie es selbst. Vor allem Sie in der dritten Dekade Ihres Tierkreiszeichens brauchen romantische Stunden in der Natur oder daheim am gemütlichen Kamin. Mondenschein und Sonnenuntergang oder das Rauschen des Meeres machen Sie unendlich glücklich. Wenn Sie aber gerade an die Stadt gebunden sind, dann pilgern Sie zu einem Flohmarkt oder in einen Trödelladen und erstehen Sie dort ein besonderes Stück.

Sie brauchen akustische Impulse und sind immer wieder sehr neugierig, was es in der Musik Neues zu erleben gibt. Doch die Vorfreude und Neugierde ist Ihnen oft wichtiger als die Musik selbst. In der dritten Wassermann-Dekade schwanken Sie ein Leben lang zwischen avantgardistischer Musik und konservativem Schaffen. Und meist werden Sie sich eingestehen, daß in der Musik doch die Romantik bei Ihnen Vorrang hat. Das gilt übrigens auch für Theater und Oper. Manchmal bringt Sie das in einen inneren Zwiespalt.

Jede technische Neuerung, von der Sie Kenntnis bekommen, versetzt Sie in Hochstimmung. Sie sind davon fasziniert und werden dabei richtig glücklich. Umgeben Sie sich daher daheim und am Arbeitsplatz mit den neuesten modernen Maschinen. Es kann allerdings sein, daß Sie urplötzlich daran Ihr Interesse verlieren. Das ist dann typisch für die dritte Dekade Ihres Tierkreiszeichens, weil da wieder das Fische-Sternzeichen ein wenig seinen Einfluß geltend macht.

Sie sollten sich zur Entspannung oder gar als Beruf künstlerisch betätigen. Ideal für Sie ist der Umgang mit Pinsel und Palette. Sorgen Sie aber auch dafür, daß Sie in Ihrer Freizeit mitunter gar nichts tun und nur dahinträumen. Das brauchen Seele und Körper zur Regeneration.

Im Kino und auf dem Fernsehschirm wollen Sie auf der einen Seite das Abenteuer, die Aktion, auf der anderen Seite Herz und Seele. Sie geraten aber niemals in Gefahr, dem Kitsch zu verfallen. Dafür sind Sie eben viel zu sehr Wassermann-Geborener.

Sie sind hin- und hergerissen. Manchmal brauchen Sie viele nette Menschen um sich, um glücklich zu sein. Dann wieder sehnen Sie sich nach stiller Zurückgezogenheit. Oft brauchen Sie große Gesellschaft, dann wieder die kleine Gesprächsrunde. Aber immer diskutieren Sie gern. Dabei blühen Sie auf.

Nützen Sie Ihre positiven Anlagen

Als Wassermann-Geborener der dritten Dekade sollten Sie ganz besonders Ihre astrologische Konstellation kennen und sich danach richten. Nur dann können Sie Ihr Bestes geben und die vielen inneren Werte in Ihnen wekken und entfalten. Ihr leichter Fische-Einfluß wirkt sich da optimal aus.

Mit Ihrem Humor können Sie viel erreichen. Sie verstehen ihn nämlich im richtigen Augenblick einzusetzen. Sie sind damit überall gerngesehener Gast. Mit Ihrer Gutherzigkeit und Menschenfreundlichkeit schaffen Sie sich starke Positionen. Sie verblüffen Ihre Mitwelt mit Aufrichtigkeit, Offenheit und Verständnis. In Beruf und Privatleben kommt Ihnen die Umsichtigkeit, mit der Sie agieren, gepaart mit Ehrgeiz, sehr zugute. Pflegen Sie diese Eigenschaften. Disziplin und Verantwortungsbewußtsein helfen Ihnen dabei sehr.

Ihre Wahrheitsliebe kann sprichwörtlich sein. Und Ihre Anpassungsfähigkeit ist eigentlich gar nicht die des Wassermannes. Da haben Sie ein Stückchen Fisch-Natur mitbekommen. Sie lieben die Freiheit und wollen nicht eingeengt werden. Doch gerade Sie in der dritten Wassermann-Dekade mißbrauchen und nützen diese Freiheit nicht über Geführ, denn Sie sind in Beruf und Partnerschaft treu. Sie wollen nur nicht das Gefühl, eingesperrt und bevormundet zu sein.

Bewahren Sie sich Ihre Ehrlichkeit und Ihren Idealismus. Meiden Sie Lüge und Bluff und bemühen Sie sich, alle Pläne gründlich durchzuführen und anzusteuern. Daß Sie in jeder Situation ein Herz für Ihre Mitmenschen haben, ist ein spezielles Merkmal für den Wassermann-Geborenen der dritten Dekade.

Vorsicht vor den eigenen Fehlern

Die meisten Pannen passieren im Leben ja doch immer dann, wenn man sich nicht oder zuwenig auf die eigenen, negativen Eigenschaften einstellt, wenn man die eigenen Fehler ignoriert, sie nicht zu meistern versucht. Darum ist es gut, daß uns die Sterne deutlich darüber Auskunft geben, welche gefährlichen Anlagen mitunter in uns schlummern, die bei mangelnder Disziplin überhand nehmen und uns schaden können.

Wenn Sie als Wassermann-Geborener der dritten Dekade manchmal nicht so recht mit Ihren Vorsätzen weiter kommen, so liegt das oft an Ihrer Ängstlichkeit und Unentschlossenheit, die urplötzlich bei Ihnen auftreten kann. Sie sind in solchen Phasen unsicher, unkonzentriert und leicht beeinflußbar. Doch Sie werden mit dem nötigen unterbewußten Selbstbewußstein des Wassermanns schnell damit fertig. Nur sollten Sie vermeiden, zu unberechenbar auf ihre Umwelt zu wirken. Zwingen Sie sich zu einer überzeugenden Entschlußkraft. Fehlt sie Ihnen, so könnte man Ihnen das sehr ankreiden. Passen Sie auf, daß Sie nicht kalt und unfreundlich die Menschen behandeln, die nicht sofort mit Ihnen einer Meinung sind. Prüfen Sie überhaupt, ob Sie nicht mitunter ein wenig zu launenhaft sind, was Ihren Kontakt zu anderen Leuten betrifft. Eine gewisse Egozentrik in der dritten Wassermann-Dekade könnte Sie, wenn Sie sie nicht unterdrücken, unsympathisch machen. Wenn Sie sich über andere ärgern, sollten Sie sich nicht wie ein Sonderling zurückziehen. Man kann über alles reden.

Ihre Chancen in Liebe und Ehe

Sie besitzen so viel Charme, so viel geistreichen Witz und ein solch interessantes Image, daß Sie bei einer Partnerwahl niemals wirklich große Probleme haben. Sie wissen vor allem die genannten Eigenschaften am richtigen Ort und zur richtigen Zeit optimal einzusetzen. Als Wassermann-Geborener der dritten Dekade wird Sie ein sechster Sinn mit untrüglicher Sicherheit darauf hinweisen, ob ein Partner für Sie ideal ist oder nicht. Sie müssen dann natürlich auch auf die innere Stimme hören. Das ist gerade für Sie wichtig, denn Sie neigen zu einer gewissen Ängstlichkeit in bezug auf Liebe und Ehe. Damit schaffen Sie aber gleich zu Anfang einer Zweisamkeit negative Voraussetzungen. Sie brauchen sich keine Sorgen zu machen. Sie haben ja alles, was man braucht, um ein idealer Mitmensch zu sein. Sie bringen die nötige Hilfsbereitschaft und das notwendige Verständnis auf. Sie haben viel Energie in sich. Und gerade Sie in der dritten Dekade sind mit Überzeugung – im Gegensatz zu manch anderem Wassermann-Geborenen – für Ihren Partner da, wenn er Sie braucht. Darin zeigt sich ein wenig der Fische-Einfluß. Allerdings können Spannungen dadurch entstehen, weil Sie sich genau im selben Maße wie um den geliebten Partner auch um Freunde und Bekannte kümmern.

Sie müssen bei der Auswahl des Partners überaus umsichtig und diplomatisch handeln. Sie möchten gern einen lieben Menschen um sich, der nie zu viele Fragen stellt und der Ihnen Ihre gewünschte Freiheit gewährt. Ein herrischer Partner, der noch dazu dominieren will, ist nichts für Sie. Sie ertragen es nicht, wenn Ihnen ein anderer vorschreibt, was Sie zu tun haben. Sie haben es auch nicht gern, wenn jemand zu hohe Ansprüche an Sie stellt. Doch – allein sein, das wollen Sie auch nicht.

Sehr klug ist es, einen Partner zu wählen, der die gleichen Interessen wie Sie hat. Bei Ihnen gilt nicht das Sprichwort: Gegensätze ziehen sich an.

Sie sollten Ihrem Partner in regelmäßigen Abständen sagen und zeigen, wie sehr Sie ihn mögen. Sie selbst hören es ja auch gern, wenn Ihnen jemand eine Liebeserklärung macht. Sollte diese hin und wieder etwas zu stürmisch ausfallen, dann wehren Sie sich nicht dagegen. Man meint es gut mit Ihnen. Seien Sie doch ehrlich: Ein bißchen Romantik gehört doch zu Ihrer stillen Sehnsucht. Das ist typisch für den Wassermann-Geborenen der dritten Dekade. Nur geben Sie es so ungern zu. Sie verstehen es großartig, mit dem nötigen Niveau eine Partnerschaft zu beenden.

Die allerbesten Voraussetzungen für eine ideale Partnerschaft haben Sie als Wassermann-Geborener der dritten Dekade mit einem Zwilling, einer Waage, einem Schützen, einem Steinbock, mit Fisch und Widder. Mit Krebs und Skorpion kann es gerade bei Ihnen wunderbare Höhepunkte geben. Wassermann und Wassermann harmonieren vor allem dann, wenn sie verschiedenen Dekaden angehören. Mit dem Stier und dem Löwen kommen Sie gut aus, wenn Sie zu gewissen Konzessionen bereit sind. Die Jungfrau kann Ihnen unter Umständen zu schwerfällig sein.

Sie und Ihre Freunde

Sie erwarten von Ihren Freunden, daß Sie sich Ihnen gegenüber leger, locker und unkonventionell geben. Sie sind kein Anhänger steifer Zeremonien. Daher beeindruckt Sie auch in einer Freundschaft weder eine Supervilla noch ein hoher Titel. Was Sie an Freunden fasziniert, ist Optimismus und strahlende Laune.

Sie legen von allen Wassermann-Geborenen die meiste Anpassungsfähigkeit gegenüber Freunden an den Tag. Sie sind in Ihrem Tierkreiszeichen auch der hilfsbereiteste Mitmensch. Dafür sind Sie selbst aber auch dankbar, wenn Ihnen jemand in Augenblicken der Unsicherheit und der Mutlosigkeit zur Seite steht.

Ihre Freunde haben es nicht leicht, denn Sie sind sehr leicht verletzbar. Sie können es nicht leiden, wenn man Ihnen mangelnde Sparsamkeit vorwirft, wenn man sich über einen Anflug Sentimentalität lustig macht, wenn man Sie zu schnellen Entschlüssen zwingt, und wenn man mit Ihnen über Geld und Geschäften reden möchte. Das sehen Sie nicht gern im Freundeskreis. Gefährlich kann es werden, wenn man Witze über die ungewöhnliche und individuelle Art und Weise macht, wie Sie sich manchmal kleiden. Wer mit Ihnen zusammensein will, muß sich eben daran gewöhnen, daß Sie Sinn für Außergewöhnliches und Neues haben.

Ausnützen lassen Sie sich nicht, wenn auch der Fische-Einfluß immer wieder ihre Hilfsbereitschaft zu besonderen Leistungen anspornt. Sie kennen genau die Grenzen, die da einzuhalten sind.

Sie meiden Freunde, die etwas für Tratsch und Klatsch übrighaben. Sie lieben fröhliche Gespräche.

Ihre beruflichen und finanziellen Chancen

Als Wassermann-Geborener der dritten Dekade müssen Sie nicht nur wohlüberlegt nach einem Beruf Ausschau halten. Sie müssen sich auch Zeit nehmen, um die richtige Beschäftigung zu finden, die Sie auch wirklich glücklich macht. Sie arbeiten nur erfolgreich, wenn Sie Spaß daran haben und nicht von Existenzsorgen getrieben werden. Es sind nicht immer nur die modernen und neuen Projekte, die Sie reizen. Sie finden auch abenteuerliche Aufgaben verlockend. Immer aber haben Sie eines vor sich: Sie wollen nach Möglichkeit im Laufe der Zeit eine Führungsrolle übernehmen. Schlechte Arbeitsbedingungen und streitsüchtige, intrigante Kollegen nehmen Ihnen die Freude am Beruf und können Sie dazu bringen, sich nach einer anderen Beschäftigung umzusehen.

Zögern Sie berufliche Dinge nicht allzusehr hinaus. Mangelnder Arbeitswille kann sich bei Ihnen leicht in permanente Trägheit umwandeln. Besonders gut arbeiten Sie in einem Team. Da können Sie Ihre Kreativität gänzlich entfalten. Sie üben psychologisch einen guten Einfluß auf Kollegen aus.

An einem Arbeitsplatz, an dem Sie sich wohl fühlen, werden Sie gute Ideen entwickeln. Lassen Sie sich diese aber weder stehlen, noch zu billig abkaufen. Sie sollten sich ein wenig mehr für die finanzielle Seite Ihres Berufes interessieren. Sonst werden Sie von raffinierten Leuten übervorteilt.

In der dritten Wassermann-Dekade laufen Sie zeitweise leicht Gefahr, beruflichen Träumen nachzuhängen. Überwinden Sie diese Phase ganz schnell und kalkulieren Sie realistisch. Das Träumen heben Sie sich für Ihr Privatleben auf.

Als Vorgesetzter sind Sie offen, freundlich und großzügig. Sie befehlen nicht gern und sind viel lieber ein Freund und Vertrauter Ihrer Mitarbeiter und Untergebenen. Sie sehen alle gleichwertig als Kollegen an. Nur hin und wieder können Sie unangenehm hektisch, zerstreut und unberechenbar sein. Sie ändern rasch Ihre Meinung und legen Launen an den Tag. Wenn es notwendig ist, haben Sie aber jederzeit Verständnis für die Sorgen Ihrer Mitarbeiter. Als Untergebener wiederum sind Sie höflich, aber niemals unterwürfig. Sie bereichern die Firma durch gute Vorschläge und verblüffen durch Ihre Logik und durch einen sechsten Sinn in bezug auf die Zukunft. Sie werden niemals eine Intrige spinnen.

Ideale Berufe für den Wassermann-Geborenen der dritten Dekade – egal ob Mann oder Frau – sind: Maschinenschlosser, Kraftfahrzeugmechaniker, Elektriker, Installateur, Hoch- und Tiefbauingenieur, Elektoingenieur, Laborchemiker, Physiker, Zoologe, Biologe, Lehrer, Schriftsteller, Musikkomponist, Schauspieler, Sänger, Politiker, Astronaut, Psychologe, Taucher, Berufe des Flugwesens. Dort, wo der Fische-Einfluß in der dritten Wassermann-Dekade spürbar wird, gibt es Tendenzen zum Sozialberuf, der für den Wassermann sonst eher unattraktiv ist. Auch berufliche Tendenzen zur Kunst, zur Medizin und zum Kochen sind ein deutliches Indiz für den Fische-Einfluß.

Für welchen Beruf Sie sich auch immer entscheiden, seien Sie wachsam, wenn es ums Geld geht. Verschenken Sie nicht Ihre Arbeitskraft. Verkaufen Sie sich nicht unter Ihrem Wert. Gerade Ihr Erfindungsgeist kann Ihnen zu Wohlstand verhelfen. Seien Sie nicht geizig, aber auch nicht verschwenderisch. Sparsamkeit bringt Sie ans Ziel. Führen Sie ein genaues Haushalts- oder Budget-Buch. Überschlafen Sie erst einmal jede größere Geldausgabe. Vorsicht vor Schmarotzern!

Tips für Ihre Gesundheit

Das Geheimnis zum Gesundsein und Gesundwerden liegt beim Wassermann-Geborenen der dritten Dekade im festen Wunsch dazu, verbunden mit einem guten Schuß Optimismus. Daher kann permanente schlechte Laune bei Ihnen auf Dauer auch eine organische Krankheit heraufbeschwören.

Ganz speziell müssen Sie auf folgende anfälligen Stellen Ihres Körpers achten: Sehr leicht stellen sich bei Ihnen Komplikationen im Blutgefäßsystem ein. Probleme können auch schon in frühem Alter an Wade, Schienbein und Knöchel auftreten. Und wenn Sie sich sehr viel beim Sport und im Beruf bewegen, so besteht bei Ihnen die große Gefahr für Verstauchungen und Knochenbrüche.

Der Fische-Einfluß in der dritten Wassermann-Dekade macht auch die Füße zu Schwachstellen. Sie müssen diese immer warm und trocken halten. Von nassen und kalten Füßen gehen oft langwierige und schwere Leiden aus, allen voran Erkältungen mit Komplikationen.

Sie neigen außerdem zu Krampfadern. Ziehen Sie daraus die Konsequenzen und belasten Sie von vornherein nicht übermäßig Ihre Beine. Also, kein langes Stehen und Sitzen und kein schweres Tragen. Ebenso wichtig: der geregelte Stuhlgang.

Einzig und allein der Wassermann-Geborene der dritten Dekade ist so besonders anfällig für Gicht, Rheuma und Hüftgelenkbeschwerden. Dagegen hilft Warmhalten, wollene Kleidung und die Vermeidung von entzündlichen Erkältungen.

Sie leiden im fortgeschrittenen Alter leicht an Arterienverkalkung. Daher verwenden Sie bereits möglichst frühzeitig für Ihre Salate das gesunde Weizenkeimöl. Essen Sie außerdem regelmäßig Knoblauch oder Knoblauchkapseln zur Vorbeugung, auch wenn Sie sich dazu überwinden müssen.

Als Wassermann der dritten Dekade müssen Sie sich selbst ständig genau beobachten, was Ihren Gesundheitszustand betrifft. Sie sollten bei den geringsten Herzbeschwerden den Arzt aufsuchen. Sonst bereuen Sie es Jahre später einmal sehr. Ebenso ist äußerste Vorsicht am Platz, wenn Durchblutungsstörungen, Krämpfe an verschiedenen Körperteilen und Schwellungen an den Beinen auftreten. Gerade der Wassermann hat genug Initiative, um mit Massagen, Gymnastik und Schwimmübungen dagegen etwas zu tun.

Merken Sie sich: Obst und Gemüse sollte viel mehr in Ihrem Speiseplan vorkommen. Allerdings müssen Sie vorsichtig eine etwaige Kostumstellung durchführen, am besten unter Kontrolle eines Arztes, denn auch dadurch kann es bei Ihnen zu organischen Störungen kommen. Als Wassermann-Geborener in der dritten Dekade leiden Sie darunter, daß Sie morgens schwerer als andere aus dem Bett hochkommen. Gewöhnen Sie sich Streckübungen im Bett und Gymnastikübungen nach dem Aufstehen an. Nach einem darauffolgenden Müesli-Frühstück haben Sie dann den richtigen Schwung.

Sie haben von Natur aus gute Nerven. Sie sollten diese aber nicht über Gebühr strapazieren. Daher müssen Sie sich Ruhepausen gönnen, in denen Sie – so schwer es Ihnen fällt – ganz allein sind. Das süße Nichtstun gibt Ihnen neue Kraft. Optimal, wenn dies in freier Natur, in sauerstoffreicher Luft, bei einem Spaziergang oder beim Angeln geschehen kann. Als Wassermann-Geborener der dritten Dekade sind Sie viel leichter davon zu überzeugen als alle anderen Vertreter Ihres Tierkreiszeichens.

Ganz besondere Chancen zur Erhaltung Ihrer Gesundheit liegen bei Ihnen in der Durchführung von Yoga, von Autosuggestion und von Autogenem Training. Sie können sich mit eisernem Willen einreden, daß es Ihnen bald wieder besser geht. Und Sie unterstützen damit die Behandlung des Arztes aufs beste.

Meiden Sie extreme Temperaturschwankungen und ziehen Sie sich immer entsprechend dem Wetter an.

Setzen Sie gegen Schlaflosigkeit niemals Tabletten ein. Das könnte für Sie gefährlich werden.

Wenn Sie einmal wirklich krank sind, dann bleiben Sie im Bett. Revoltieren Sie nicht gegen den Arzt, und nehmen Sie die Medikamente, die er Ihnen verschreibt, auch ein. Lassen Sie sich nicht zu Wunderkuren bei Scharlatanen überreden, denen Sie nur allzugern glauben wollen. Lassen Sie sich regelmäßig auf Blutarmut und Schilddrüsenstörungen untersuchen. Diese Leiden treten verstärkt in der dritten Wassermann-Dekade auf. Wenden Sie sich der Vollkornkost zu, verzichten Sie auf Kaugummi, und nehmen Sie sich vor zuviel Kuchen in acht. Hin und wieder dürfen Sie in einem teuren Restaurant sündigen.

Tips für Freizeit und Urlaub

Als Wassermann der dritten Dekade sind Sie zwar nicht ununterbrochen darauf aus, auf Reisen zu gehen. Aber Sie lieben fremde Länder und andere Menschen. Sie sollten allerdings Ihre Reisen genau planen, damit Sie nicht einmal eine gravierende Panne erleben. Da Sie aus einer gewissen Hektik heraus meist die Erholung vergessen, sehnen Sie sich dann – auf Grund des Fische-Einflusses Ihrer Dekade – zwischendurch nach ruhigen Mußestunden daheim oder in einem abgelegenen vertrauten Ort.

Sie brauchen auch Zeit, um sich der Natur zu widmen und tun gut daran, sich einen Garten anzuschaffen oder einen zur Verfügung stehenden Garten auszunützen. Sehr empfehlenswert für Ihre Nerven ist ein Urlaub auf dem Bauernhof. Bergtouren oder Campingabenteuer gehören weniger zu Ihren Freizeitträumen. Der typische Wassermann will per Schiff, per Flugzeug oder per Bahn die Welt entdecken. Und er träumt auch von einer Reise ins All, von der er genau weiß, daß er sie nicht wird verwirklichen können.

Sie erwarten sich in den Ferien nette Mitmenschen und einigen Luxus beim Reisen und Wohnen. Doch Sie sind auch fröhlich, wenn Sie einmal sparen müssen. Der Fische-Einfluß der dritten Dekade: Sie freuen sich jedesmal wieder aufs Nachhausekommen.

Wenn Sie ein Kind haben

Als Wassermann-Geborener der dritten Dekade tendieren Sie bei der Erziehung Ihrer Kinder oft zu zwei gravierenden Fehlern, und Sie müssen da sehr viel an sich arbeiten: Entweder wollen Sie schrecklich gern aus den Kleinen Abbilder von sich selbst machen, oder aber Sie lassen Ihnen alles durchgehen. Man darf einem Kind nicht alles erlauben. Zur Entwicklung für eine eigene Persönlichkeit muß eben manchmal auch konsequentes Verhalten eingesetzt werden. Lassen Sie in der Erziehung Ihren sprichwörtlichen Humor nicht zu kurz kommen. Damit haben Sie großen Erfolg. Durch den Fische-Einfluß in der dritten Wassermann-Dekade neigen Sie dazu, mit ständigem, monotonem Ermahnen auf die guten Manieren des Sprößlings einwirken zu wollen. Sie werden damit kein Glück haben. Sie haben eine besondere Gabe, das Kind mit künstlerischen Ambitionen fürs Leben auszustatten. Gehen Sie Ihrer Pflicht nicht aus dem Weg und bereiten Sie den Sprößling eingehend auf den Umgang mit Geld vor.

Wenn du ein Wassermann-Kind bist

Wenn du noch ein Kind bist, das im Zeichen des Wassermannes der dritten Dekade geboren bist, dann wirst du bald die Gesellschaft Älterer suchen, weil du schneller das Leben begreifen willst. Der Fische-Einfluß läßt dich mitunter ein wenig zuviel träumen. Du mußt aber erkennen, daß es rund um dich auch greifbare Schönheiten gibt. Du brauchst viel Vertrauen. Deine Eltern müssen dir viel von der Welt zeigen. Und Sie müssen dir helfen, die Schule zu meistern.

Die Geburtstagsfeier

Viele Anregungen und ein köstliches
Geburtstagsmenü

Feiern Sie an Ihrem Geburtstag doch einmal wieder richtig. Zum einen macht es Spaß, einmal im Jahr die Hauptperson zu sein, zum anderen können Sie sich Freunde einladen, die Sie gerne um sich haben.

Ihre Einladung kann ganz unterschiedlich ausfallen, je nach dem Rahmen, den Sie für Ihr Fest wünschen. Wenn Sie sich für eine Einladungskarte entschließen, so sollte darauf zu lesen sein: Der Anlaß der Feier (z. B. Geburtstagspicknick, -gartenfest, -grillparty etc.), das Datum, die Uhrzeit, zu der Sie beginnen möchten, Ihre genaue Adresse oder die Anschrift, wo gefeiert wird, Ihre Telefonnummer sowie die Bitte um Nachricht, ob der oder die Eingeladene kommen wird.

Am besten legen Sie Ihr Fest auf das Wochenende oder vor einen Feiertag. Dann kann jeder am folgenden Tag ausschlafen.

Zum organisatorischen Ablauf: Anhand der Anzahl der geladenen Gäste prüfen Sie, ob Sie genügend Gläser, Bestecke, Sitzgelegenheiten und Getränke haben. Sorgen Sie auch für die passende Musik. Lassen Sie sich bei den Vorbereitungen von hilfsbereiten Freunden helfen.

Als Anregung für Ihre Geburtstagsfeier hier einige nicht ganz gewöhnliche Vorschläge:

Der Kaffee-Klatsch

Sie veranstalten einen richtigen altmodischen Kaffee-Klatsch am Nachmittag, laden alle Ihre lieben Freundinnen ein und bitten jede, einen eigenen Kuchen oder Plätzchen zur Bereicherung der Kaffeetafel mitzubringen. Dazu lassen Sie sich eine wunderschöne Tischdekoration einfallen, bieten vielleicht Irish Coffee und Russische Schokolade (mit Schuß!) an, und ganz bestimmt gehen Ihnen die Gesprächsthemen nicht aus.

Die Bottle-Party

Oder – der Gerechtigkeit halber – eine männliche Variante: Sie trommeln Ihre besten Freunde und Kumpel zusammen und geben eine ebenso altmodische Bottle-Party, zu der jeder, der mag, ein Getränk beisteuert. Als »Unterlage« vielleicht etwas Käsegebäck oder deftige Schmalzbrote. Das wird sicher eine Geburtstagsfeier, an die jeder gerne zurückdenken wird.

Die Cocktail-Party

Sie veranstalten eine Cocktail-Party mit möglichst vielen Freunden und lassen die wilden Jahre (die bei den meisten im Alter zwischen 20 und 30 Jahren stattfinden – bei manchen enden sie nie...) wieder auf- und hochleben. Dazu sollte die Musik sorgfältig ausgewählt werden. Vielleicht sogar Charleston à la 20er Jahre vom Grammophon? Ein geübter Barmixer findet sich bestimmt unter Ihren Freunden. Da wahrscheinlich wild getanzt wird, brauchen wir viel Platz zum Tanzen. Eine feinsinnige Tischordnung entfällt.

Der Spezialitäten-Abend

Wir laden eine kleinere Runde zu einem fremdländischen Menü ein. Die Frage, ob Italienisch, Französisch, Chinesisch, Mexikanisch... lösen Sie ganz nach Ihrem Geschmack. Servieren Sie mehrere Gänge und die dazu passenden Getränke. Viele Kerzen und leise Musik machen das Ganze stimmungsvoll.

Die Picknick-Fete

In der wärmeren Jahreszeit machen eine »Picknick-Radel-Tour« oder auch ein »Geburtstags-Spaziergang« sicher allen Spaß. Diese Möglichkeit bietet sich insbesondere auch an, wenn Gäste ihre Kinder mitbringen wollen. An einem Fluß, auf einer Wiese oder in einem Park wird dann Rast gemacht und im Freien geschmaust.

Das herbstliche Pendant dazu wäre ein »Kartoffelfeuer-Picknick«. Die neuen Kartoffeln werden im Lagerfeuer gegart. Das macht Spaß und schmeckt ausgezeichnet. Im Winter können Sie die Möglichkeit eines »Schneespaziergangs« im Winterwald oder eine »Schlittenfahrt« in Erwägung ziehen, die dann bei einem Punsch zum Aufwärmen und einer rustikalen Brotzeit enden.

Das Grill-Fest

Beliebt und unkompliziert. Benötigt wird nur: Ein Fäßchen Bier, eine Riesensalatschüssel, Würstchen und verschiedene Fleischsorten zur Bewirtung der Gäste, ein offener Grill, um den sich die Hungrigen scharen. Dieses Fest ist rustikal und eignet sich vorzüglich für den Garten oder auch für ein Fluß- oder Seeufer.

Die Keller-Party

Für dieses Fest sollten Sie – dem Publikum entsprechend – eine gute Musik-Auswahl treffen und für eine nicht zu kleine Tanzfläche und Sitzgelegenheiten am Rande sorgen. Ein paar kleine Leckereien und die Getränke-Auswahl bauen Sie am besten im Vorraum, im Flur oder in der Küche auf. Keine teuren Gläser, keine komplizierten Menüs. Jeder bedient sich selbst. Diese Feste sind meist recht lustig und ungezwungen.

Der Kindergeburtstag

Ein Kindergeburtstag mit viel Kuchen und Schokolade ist immer ein Erfolg. Wenn dann anschließend noch Spiele gemacht werden, bei denen hübsche Kleinigkeiten zu gewinnen sind, dürfte die Begeisterung groß sein.

Der Brunch

Das ist eine Erfindung der Engländer, erfreut sich aber auch hier wachsender Beliebtheit. Gemeint ist ein Frühstück, was sich über den ganzen Tag erstrecken kann und aus süßen und salzigen Schlemmereien – warm und kalt –, mehreren Sorten Brot, Kaffee, Tee, Saft, Sekt besteht.

Noch einige Tips zum Schluß: Übernehmen Sie sich nicht bei der Dekoration. Sie ist am nächsten Tag nicht mehr brauchbar. Zwingen Sie niemanden, Dinge zu tun, die er wirklich nicht möchte. Dazu gehört auch das Tanzen. Aber stellen sie vielleicht Pinsel, Farben und Leinwand für spontane Aktionen zur Verfügung. So entstehen manchmal Kunstwerke, die allen Beteiligten Spaß machen.

Das Geburtstagsmenü zum 12. Februar

Zur Krönung des Geburtstages gehören ein gutes Essen und ein
süffiger Tropfen. Vielleicht verwöhnen Sie sich an diesem Tag
mit Ihrem Leibgericht oder speisen in Ihrem Lieblingslokal.
Vielleicht lassen Sie sich aber auch einmal mit etwas Neuem
überraschen und probieren dieses speziell für Ihren Tag zusam-
mengestellte Menü. Gutes Gelingen und guten Appetit!

*

Französische Lauchcreme

*50 g Butter, 3 kleine Stangen Lauch, in dünne Scheiben
geschnitten; 1 Dose Kartoffeln (ca. 550 g), abgetropft und
geschnitten, $^1/_2$ l Milch, $^1/_4$ l süße Sahne, Salz und weißer
Pfeffer, 3 El Schnittlauch, geschnitten*

Butter in einem Topf zerlassen. Lauch ca. 15 Minuten weich-
dünsten. Lauch, Kartoffeln und Milch im elektrischen Mixer
pürieren. Sahne und 2 El des Schnittlauchs unterrühren. Salzen
und pfeffern. Mindestens 1 Stunde kühlstellen. Mit dem restli-
chen Schnittlauch bestreut, servieren.

Artischockenherzensalat mit Schinkenspeck

*2 Dosen Artischockenherzen (je 400 g), abgetropft,
4 El French-Dressing, 50 g mageren Schinkenspeck*

Artischockenherzen in French-Dressing tränken und auf einer
Servierplatte anrichten. Speck in Streifen schneiden und bei
schwacher Hitze im eigenen Fett knusprig braten. Über den Ar-
tischockensalat verteilen und sofort zu Tisch bringen.

Truthahnauflauf

350 g gekochtes Truthahnfleisch, gehackt, 2 mittelgroße
Kartoffeln, gekocht und gewürfelt, 1 Zwiebel, gerieben,
$^1/_8$ l Milch, 1 kleines Ei, verquirlt, 1 Tl abgeriebene
Zitronenschale, Salz und Pfeffer, 8 einfache Kekse,
fein zerstoßen, 15 g Butter, geschmolzen

Truthahnfleisch, Kartoffeln, Zwiebeln, Milch, Ei, Zitronenschale, Salz und Pfeffer vermischen und in eine Auflaufform füllen. Zerdrückte Kekse mit geschmolzener Butter vermischen
und darüber verteilen. Im vorgeheizten, mäßig heißen Backofen, Elektroherd 180 Grad, Gas Stufe 3, 30 Minuten überbak-
ken. Gemischten Salat dazu servieren.

Ananas-Eis

1 große Ananas, 3 Eiweiß, 175 g Zucker, $^1/_4$ l süße Sahne,
geschlagen

Ananas der Länge nach halbieren und aushöhlen. Fruchtfleisch
feinschneiden oder im Mixer pürieren. Ananasschalen kühlstellen. Eiweiß steif schlagen, Zucker nach und nach zugeben. Sahne und Ananas unterziehen. In eine Gefrierschale füllen und
festverschlossen 1 Stunde gefrieren lassen. Durchrühren und
fertig frieren. 30 Minuten vor dem Servieren im Eisschrank
leicht antauen. In den Ananasschalen anrichten und bei Tisch in
Gläser füllen.

Glückwunschgeschichte
zum 12. Februar

Liebes Geburtstagskind,

wenn ich wieder einmal stocksauer, griesgrämig und total verbittert zu Hause rumhocke, Frau und Kinder ungerecht behandle und selbst für den Hund kein gutes Wort übrig habe, dann wissen alle: Papa ist von einem Automaten ausgetrickst worden! Sie haben Verständnis für mich und meine miese Laune, selbst der Hund, kennen sie doch seit Jahren meinen aussichtslosen Kampf gegen Automaten aller Art, aber auch meinen unerschütterlichen Durchhaltewillen. Sicher, andere Menschen haben würdigere Feindbilder, und es gibt ruhmvollere Kriege, aber an Brutalität, Raffinesse, Hinterfotzigkeit, Abgefeimtheit und Erbarmungslosigkeit ist mein Krieg mit den Automaten unübertroffen.

Folgende Kurzskizze schildert in etwa mein beklagenswertes Schicksal von antiker Tragik: Normale Menschen schlendern fröhlich zu einem Kaffeeautomaten, liefern ihr Geld ab und entnehmen ihm mit einem lustigen Lied auf den Lippen den gefüllten Becher. Ich schleppe mich durstig zu dem Kerl, stopfe mein Geld hinein, betätige unter sorgfältigster Beachtung der Vorschriften den Bedienungsknopf und was passiert? Der miese Gauner versagt die Abgabe des Bechers und läßt den Kaffee unglaublich höhnisch im eigenen Abfluß verrinnen, um ihn später einem anderen Kunden zuzuführen. Natürlich habe ich kein Kleingeld mehr und stehe da wie ein zwar zorniger, aber völlig hilfloser Trottel. Es ist beschämend.

»Du hast einen Automatentick«, sagte meine einzige Ehefrau immer zu mir. »Oder du bist einfach zu blöd, um so ein simples Gerät richtig zu bedienen«, sprach sie weiter, wenn ich ihr wieder einmal erläuterte, daß mir speziell die Zigaretten-Automaten den Krieg erklärt haben. »Sie können mich nicht leiden«, behaupte ich, »aber es ist eine Gemeinheit, wie sie ihre Kapitalverbrechen heimtückisch im Schutze der Nacht vor allem an den Ärmsten der Armen verüben. Besonders an mir.«

Sie glaubte mir einfach den Terror nicht, verspottete mich, weil ich meinen ärgsten Feinden Namen gegeben habe, die ihre Herkunft charakterisieren. »Dr. Fu« an der Gartenstraße nimmt zwar die Markstücke an, läßt sich dann aber höhnisch kichernd nur leere Schubladen aus dem Bauch ziehen. Den bulligen Automaten an der Kriegerstraße nenne ich »Franz-Josef«. Er weist viele Narben von den Hieben verarmter Halbstarker auf, und rührt sich nach Entgegennahme der Geldstücke überhaupt nicht.

»Du glaubst es sicher auch nicht«, sage ich zu meiner ungläubigen Genossin, »aber Al Capone in der Westendstraße hat sich noch nie, solange ein Mensch denken kann, eine Zigarettenschachtel wegnehmen lassen. Man erzählt sich in unseren Automatenkreisen, ein einziges Mal vor etwa 25 Jahren habe ein ehemaliger Gewichthebermeister eine Schublade von ihm aufgekriegt, und da war nur Abfall drin!«

In letzter Zeit wird meine Ehefrau allerdings gelegentlich etwas nachdenklich, wenn mich immer wieder Polizisten heimbringen und ihr berichten: »Er behauptet, er ist ihr Mann. Wir fanden ihn hysterisch weinend, an allen Gliedern zuckend, die rechte Hand im geöffneten, leeren Schubfach eines Zigarettenautomaten eingeklemmt. Wollen Sie ihn behalten?« Sie behält mich, will sich aber künftig weigern, mich herauszupauken, wenn Nachbarn die Polizei holen, weil ein notdürftig bekleideter Irrer nachts um eins versucht einen Zigarettenautomaten aus seiner Verankerung zu reißen.

»Das mußt du doch verstehen«, flehe ich sie an, »versetze dich doch mal in die innere Hölle eines Süchtigen. ich habe drei Stunden lang auf der Suche nach Markstücken die Wohnung verwüstet, krieche mit letzten Kräften zum Automaten – bedenke, drei Stunden ohne Nikotin! – führe das Geld vorsichtig wie Nitroglyzerin ein, ziehe sanft wie ein Engel am Schubfach, es öffnet sich nur halb, die Finger berühren die Schachtel, bekommen sie nicht heraus, sie rütteln und schieben, da rutscht die Schublade wieder hinein – aus. Da muß man doch gewalttätig werden, vor allem nachts.«

Sie bleibt ungerührt: »Gewöhn dir das nächtliche Rauchen ab, basta!« Ich gehe anders vor, kaufe im großen und hungere die Zigarettenautomaten aus, bis sie schrottreif sind. Aber was mache ich mit den Kaffeeautomaten und Konsorten?

Alles Gute zum 12. Februar
Hansjürgen Jendral

Zitate und Lebensweisheiten

Der Mensch gibt ebenso schwer eine Furcht auf
als eine Hoffnung.

Otto Ludwig

Küsse vergehen, Kochkunst bleibt bestehen.

George Meredith

Besser nicht genug als zuviel.

Aus Japan

Mangelt im Beutel die Barschaft, fehlt es an allem.

François Rabelais

Wer Geld hat, findet leicht Vettern.

Aus Italien

Mit Geld, Latein und einem guten Gaul
kommt man durch ganz Europa.

Altes Sprichwort

Wer den Heller nicht ehrt,
ist des Talers nicht wert.

Deutsches Sprichwort

Es heißt nicht sterben, lebt man in den Herzen der Menschen fort, die man verlassen muß.

Heinrich Heine

Eine Frau von innerer Güte ist immer liebenswürdig befunden worden, und eine, die noch nach drei Tagen häßlich gefunden wird, ist gewiß nicht liebenswürdig.

Ludwig Börne

Glücklich, wer sich zuerst erzieht,
ehe er sich anmaßt, andere zu bessern.

Lebensphilosophie

Beginne nicht mit einem großen Vorsatz,
sondern mit einer kleinen Tat!

Sinnspruch

Das Schlimmste an Antiquitäten ist,
daß ihre Preise so modern sind.

Scherzhafter Ausspruch

Eine Stunde konzentrierter Arbeit hilft mehr,
deine Lebensfreude anzufachen, deine Schwermut
zu überwinden und dein Schiff wieder flottzumachen,
als ein Monat dumpfen Brütens.

Benjamin Franklin

Besser zweimal fragen, als einmal irregehen.

Sprichwort

Der Buchstabe tötet, aber der Geist macht lebendig.

Bibelwort

Schauspieler, die leuchten wollen, wo es nicht sein darf,
muß man gewaltsam unter den Scheffel stellen.

Ludwig Börne

Der Scherz darf nicht kränken oder beleidigen;
boshafter Scherz ist ein Widerspruch;
er soll gefallen und erfreuen.

Karl Julius Weber

Das Schicksal mischt die Karten, und wir spielen.

Arthur Schopenhauer

Das Schicksal der Welt hängt heute in erster Linie
von den Staatsmännern ab, in zweiter Linie – von den
Dolmetschern.

Trygve Lie

Der Schlaf ist doch die köstlichste Erfindung!

Heinrich Heine

Schloß und Schlüssel macht nicht für treue Finger.

Altes Sprichwort

Die Schönheit strahlt nur aus dem innern Leben.

Theodor Körner

Schreibe wie du redest, so schreibst du schön!

Gotthold Ephraim Lessing

Die Schrift hat das Geheimnisvolle, daß sie redet.

Paul Claudel

Willst du eine Frau nehmen, so zieh die Ohren
mehr als die Augen zu Rate.

Altes Sprichwort

Eine gescheite Frau hat Millionen geborener Feinde:
alle dummen Männer.

Marie von Ebner-Eschenbach

Nichtssagende Frauen reden am meisten.

Sprichwörtliche Redensart

Jedermann will einen Freund haben,
aber niemand gibt sich Mühe, auch einer zu sein.

Alphonse Karr

Gesegnet, die auf Erden Frieden stiften!

William Shakespeare

Freundschaft ist nicht nur ein köstliches Geschenk,
sondern auch eine dauernde Aufgabe.

Ernst Zacharias

Der Heilige des Tages

Geschichte und Legende

Benedikt von Aniane

Abt, Erneuerer des Benediktinerordens

Benedikt von Aniane, Abt und Erneuerer des Benediktinerordens in Frankreich, wurde im Jahre 750 in der Languedoc in Frankreich geboren. Sein Vater war Graf Aigulf von Maguelone. Erzogen und ausgebildet wurde Benedikt für den Hof- und Kriegsdienst bei Karl dem Großen. Als er 24 Jahre alt war, gab er seinen Dienst auf und beschloß, Mönch zu werden. Im Jahr 774 trat er deshalb in Saint-Seine bei Dijon in einen Orden ein.

Benedikt hatte jedoch das Verlangen, sein Leben mit der gleichen Strenge zu führen, wie es die frühchristlichen Wüsten-Einsiedler getan hatten. Um diesem Bedürfnis gerecht werden zu können, gründete er, nachdem er mehrere Jahre in dem gewählten Orden verbracht hatte, auf seinem Besitz in der Languedoc, an dem Fluß Aniane, 780 eine kleine Gemeinschaft, die sich selbst sehr strenge Regeln auferlegte und ein sehr einfaches, entbehrungsreiches Leben führte.

Doch bald schon war Benedikt mit seinen eigenen Regeln nicht mehr zufrieden, er war sogar enttäuscht von der gewählten Art zu leben. Deshalb entschloß er sich, die Ordensregel des Heiligen Benedikt von Nursia zu übernehmen. Er errichtete an der Stelle, wo er bisher gelebt hatte, ein großes Kloster, das er Aniane nannte. Die Regeln der Benediktiner wurden zu seinem Leitgedanken, das von ihm gebaute Kloster Ausgangspunkt für eine systematische Verbreitung dieses Ordens in Frankreich. Er reformierte andere Klöster und gründete neue, so unter anderem das Kloster Kornelimünster bei Aachen, wo er 814 Abt wurde. Er übernahm außerdem auch noch die Führung von Maursmünster.

Nach dem Tod von Karl dem Großen wurde Benedikt von dessen Nachfolger Ludwig dem Frommen zum Abt sämtlicher Klöster in Frankreich ernannt. Auf einer Synode aller Äbte, die 817 unter Benedikts Leitung in Aachen stattfand, wurde beschlossen, daß die Regeln des Benediktinerordens von da an für alle Klöster im Reich bestimmend und bindend sein sollten. Dieser Beschluß konnte später, nach dem Tod Benedikts von Aniane, nicht mehr aufrecht erhalten werden, hatte jedoch trotzdem eine bleibende Wirkung auf das Klosterwesen in Frankreich.

Benedikt von Aniane starb am 11. Februar 821 in dem von ihm gegründeten Kloster Kornelimünster. Der Heilige gilt als ein religiöser Reformer in allen Bereichen. Er hatte sein Leben lang bis zu seinem Tod das karge, bedürfnislose Leben seiner frühen Jahre beibehalten. Seine Gebeine sind bis heute noch nicht gefunden worden.

Abbildungen zeigen den Heiligen als Benediktinermönch mit einer Feuerflamme. Dazu erzählt die Legende, daß es Benedikt von Aniane auf wundersame Weise verstanden habe, Feuer zu löschen.

Persönlicher,
immerwährender Kalender

FÜR EWIG

Denn was der Mensch in seinen Erdeschranken
Von hohem Glück mit Götternamen nennt,
Die Harmonie der Treue, die kein Wanken,
Der Freundschaft, die nicht Zweifelsorge kennt;
Das Licht, das Weisen nur zu einsamen Gedanken,
Das Dichtern nur in schönen Bildern brennt,
Das hatt ich all in meinen besten Stunden
In ihr entdeckt und es für mich gefunden.

Johann Wolfgang von Goethe

Januar	Februar
1	1
2	2
3	3
4	4
5	5
6	6
7	7
8	8
9	9
10	10
11	11
12	12
13	13
14	14
15	15
16	16
17	17
18	18
19	19
20	20
21	21
22	22
23	23
24	24
25	25
26	26
27	27
28	28
29	29
30	
31	

März	April
1	1
2	2
3	3
4	4
5	5
6	6
7	7
8	8
9	9
10	10
11	11
12	12
13	13
14	14
15	15
16	16
17	17
18	18
19	19
20	20
21	21
22	22
23	23
24	24
25	25
26	26
27	27
28	28
29	29
30	30
31	

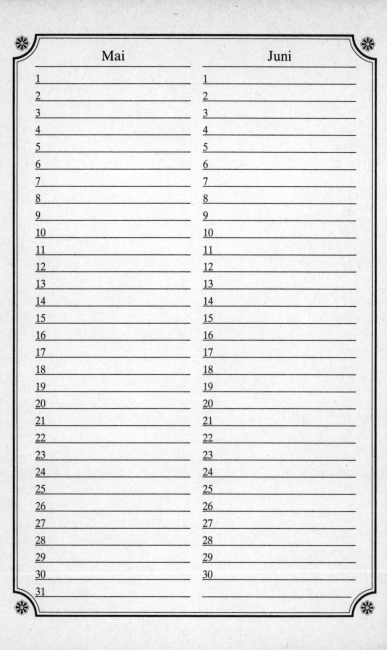

Mai	Juni
1	1
2	2
3	3
4	4
5	5
6	6
7	7
8	8
9	9
10	10
11	11
12	12
13	13
14	14
15	15
16	16
17	17
18	18
19	19
20	20
21	21
22	22
23	23
24	24
25	25
26	26
27	27
28	28
29	29
30	30
31	

Juli	August
1	1
2	2
3	3
4	4
5	5
6	6
7	7
8	8
9	9
10	10
11	11
12	12
13	13
14	14
15	15
16	16
17	17
18	18
19	19
20	20
21	21
22	22
23	23
24	24
25	25
26	26
27	27
28	28
29	29
30	30
31	31

September	Oktober
1	1
2	2
3	3
4	4
5	5
6	6
7	7
8	8
9	9
10	10
11	11
12	12
13	13
14	14
15	15
16	16
17	17
18	18
19	19
20	20
21	21
22	22
23	23
24	24
25	25
26	26
27	27
28	28
29	29
30	30
	31

November	Dezember
1	1
2	2
3	3
4	4
5	5
6	6
7	7
8	8
9	9
10	10
11	11
12	12
13	13
14	14
15	15
16	16
17	17
18	18
19	19
20	20
21	21
22	22
23	23
24	24
25	25
26	26
27	27
28	28
29	29
30	30
	31

In der Reihe

Das persönliche Geburtstagsbuch

sind 366 individuelle Bücher erschienen.
Für jeden Tag des Jahres eins.

Jedes Buch enthält eine interessante und
vielseitige Mischung aus informativen Texten
und unterhaltsamen Beiträgen sowie
praktische Tips für den Geburtstag.

*Das ideale Geschenk für viele Gelegenheiten
für gute Freunde und für sich selbst.*

Überall erhältlich, wo es gute Bücher gibt.

Verlag
»Das persönliche Geburtstagsbuch«
8000 München 5